乡村振兴之职业技能提升系列培训教材

汽车维修与美容装饰

单翔鹭 成贤 王松 ◎ 主编

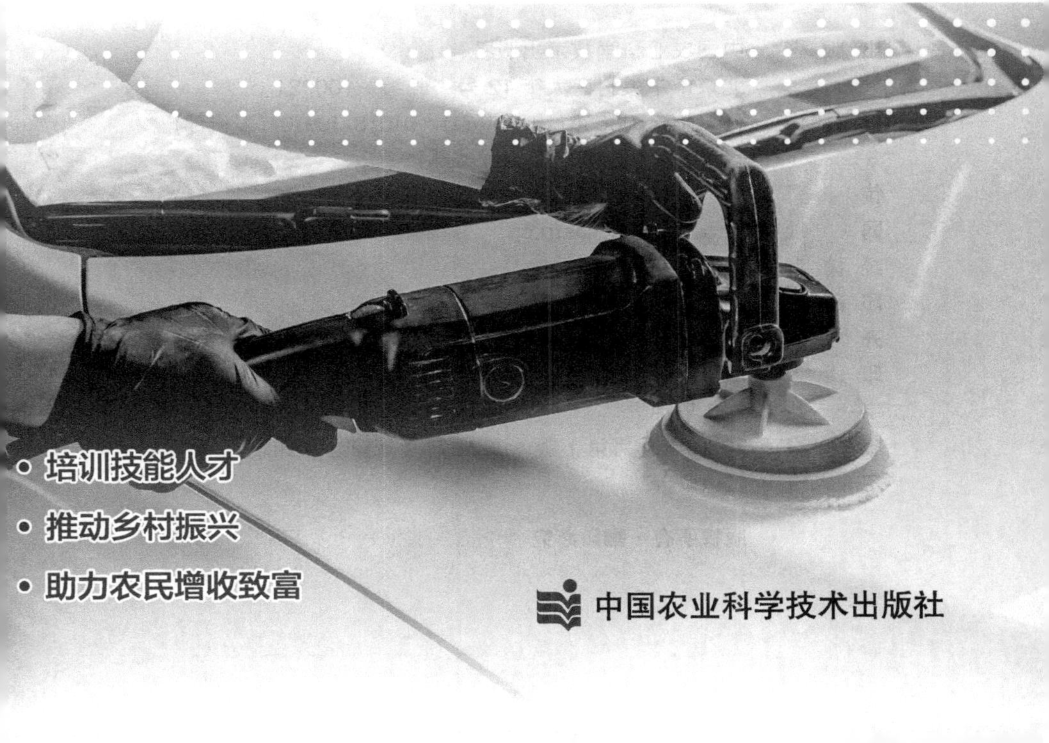

- 培训技能人才
- 推动乡村振兴
- 助力农民增收致富

中国农业科学技术出版社

图书在版编目（CIP）数据

汽车维修与美容装饰／单翔鹭，成贤，王松主编.—北京：中国农业科学技术出版社，2020.8（2021.7重印）

ISBN 978-7-5116-4937-9

Ⅰ.①汽…　Ⅱ.①单…②成…③王…　Ⅲ.①汽车-车辆修理②汽车-车辆保养　Ⅳ.①U472

中国版本图书馆 CIP 数据核字（2020）第 149091 号

责任编辑	张志花
责任校对	李向荣

出 版 者	中国农业科学技术出版社
	北京市中关村南大街 12 号　邮编：100081
电　　话	（010）82106636（出版中心）　（010）82109702（发行部）
	（010）82109709（读者服务部）
传　　真	（010）82106631
网　　址	http://www.castp.cn
经 销 者	各地新华书店
印 刷 者	北京中科印刷有限公司
开　　本	880mm×1 230mm　1/32
印　　张	4
字　　数	100 千字
版　　次	2020 年 8 月第 1 版　2021 年 7 月第 2 次印刷
定　　价	22.00 元

◀━━ 版权所有·翻印必究 ▶━━

《汽车维修与美容装饰》编委会

主　　编：单翔鹭　成　贤　王　松
副主编：邵忠诚　鲁　刚　吴　兴　朱银霞
　　　　　伍功荣　王　松
编　　委：张　清　刘俊美　王　帅　潘明明

前 言

随着汽车产业的迅猛发展,对汽车维修、美容装饰技术的要求也越来越高。汽车维修、美容装饰技术人员也日益成为备受行业追捧的实用型高技能人才。

本书内容基本覆盖了相关职业岗位的要求,并注意兼顾学员未来发展需要,内容包括汽车修理工具的识别与使用、汽车发动机的维护与修理、汽车底盘维护与修理、汽车电气设备的维护与修理、汽车常见故障的维护与修理、汽车车身外身的美容、汽车车身漆面的专业处理、汽车内容美容装饰、汽车车身外部装饰等。

本书内容实用,可操作性强,配有大量图片加以说明,易看、易懂,方便初学者快速掌握汽车美容装饰技术,帮助中、高级维护工、美容装饰工提高专业技能。

本书可作为汽车维护工、美容装饰工的学习读物,也可以作为各职业鉴定培训机构和职业技术院校的培训教材。

编 者
2020 年 7 月

目 录

上篇　汽车维护与维修

第一章　汽车修理工具的识别与使用 ……………………（3）
　第一节　常用工具 ………………………………………（3）
　第二节　常用量具 ………………………………………（8）
第二章　汽车发动机的维护与维修 ………………………（11）
　第一节　润滑系统的维护保养 …………………………（11）
　第二节　冷却系统的维护保养 …………………………（16）
　第三节　空气滤清器的维护 ……………………………（19）
第三章　汽车底盘维护与维修 ……………………………（23）
　第一节　传动系统的维护保养 …………………………（23）
　第二节　行驶系统的维护保养 …………………………（29）
　第三节　转向系统的维护保养 …………………………（35）
　第四节　制动系统的维护保养 …………………………（38）
第四章　汽车电气设备的维护与维修 ……………………（41）
　第一节　电动车窗的维护和保养 ………………………（41）
　第二节　空调的检查和维护 ……………………………（43）
第五章　汽车常见故障的维护与维修 ……………………（48）
　第一节　曲柄连杆机构常见故障的诊断与排除 ………（48）
　第二节　燃油供给装置常见故障的检修与排除 ………（52）
　第三节　行驶系统的故障诊断 …………………………（53）
　第四节　转向系统的故障诊断 …………………………（61）

·1·

下篇　汽车美容装饰

第六章　汽车车身外身的美容 ……………………（71）
- 第一节　汽车清洗的作用 ………………………（71）
- 第二节　汽车车身表面污垢分析 ………………（72）
- 第三节　车表除垢机理 …………………………（74）
- 第四节　汽车清洗剂 ……………………………（74）
- 第五节　车表清洗工具 …………………………（76）
- 第六节　车表清洗设备 …………………………（78）

第七章　汽车车身漆面的专业处理 ………………（83）
- 第一节　汽车漆面封釉 …………………………（83）
- 第二节　封釉的作用 ……………………………（83）
- 第三节　封釉与打蜡的区别 ……………………（84）
- 第四节　汽车漆面封釉工艺流程 ………………（84）

第八章　汽车室内美容装饰 ………………………（91）
- 第一节　室内清洁护理 …………………………（91）
- 第二节　车内护板的装饰 ………………………（99）
- 第三节　仪表板的装饰 …………………………（103）

第九章　汽车车身外部装饰 ………………………（107）
- 第一节　车身贴饰 ………………………………（107）
- 第二节　车身大包围的安装 ……………………（115）
- 第三节　汽车导流板、扰流板 …………………（118）

参考文献 ……………………………………………（122）

上篇　汽车维护与维修

上篇 尤老頭兒與小人物

第一章 汽车修理工具的识别与使用

第一节 常用工具

一、呆扳手

亦称开口扳手,如图 1-1 所示,用于装拆六角形或方头的螺母或螺栓,有单头和双头之分。呆扳手的开口尺寸与螺母或螺钉的对边间距的尺寸相适应,并根据所标尺寸做成一套。常用 10 件一套的双头扳手两端开口尺寸(mm×mm)分别为:5.5×7、8×10、9×11、12×14、14×19、19×22、22×24、24×27、30×32。

使用要求如下。

(1)使用时应选用合适的呆扳手,大拇指抵住扳头,另四指握紧扳手柄部往身边拉扳,切不可向外推扳,以免将手碰伤。

(2)扳转时不可在呆扳手上任意加套管或锤击,以免损坏扳手或损伤螺栓螺母。

图 1-1 呆扳手

(3)禁止使用开口处磨损过甚的呆扳手,以免损坏螺栓螺母的六角。

(4)不能将呆扳手当撬棒使用。

(5) 禁止用水或酸、碱液清洗扳手，应用煤油或柴油清洗后再涂上一层薄润滑脂保管。

二、花扳手

可分为正方形、六角形、梅花扳手（十二角形）等，其中梅花扳手最常用。梅花扳手只要转过30°（图1-2），就可改换方向再扳。花扳手适应性强，扳转时受力均匀，扳转力大，适用于拆装所处空间狭小的螺栓、螺母。对标准规格的螺栓螺母均可使用花扳手拆装，特别是螺栓螺母需用较大力矩拆装时，应使用花扳手。

使用要求如下：

(1) 使用时，应选用合适的花扳手。轻力扳转时，手势与呆扳手相同；重力扳转时，四指与拇指应上下握紧扳手手柄，往身边扳转。

(2) 扳转时，不可在花扳手上任意加套管或锤击。

(3) 禁止使用内孔磨损过甚的花扳手。

(4) 不能将花扳手当撬棒使用。

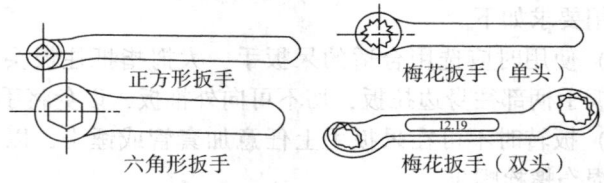

图1-2 花扳手

三、套筒扳手

由一套尺寸不同的套筒和一根弓形的快速摇柄组成，对标准规格的螺栓螺母均可使用。套筒扳手既适合一般部位螺栓螺母的拆装，也适合处于深凹部位和隐蔽狭小部位螺栓螺母的拆装，与接杆配合，可加快拆装速度和拆装质量。弓形手柄能连续地转动，使用方便，工作效率较高，如图1-3所示。

第一章 汽车修理工具的识别与使用

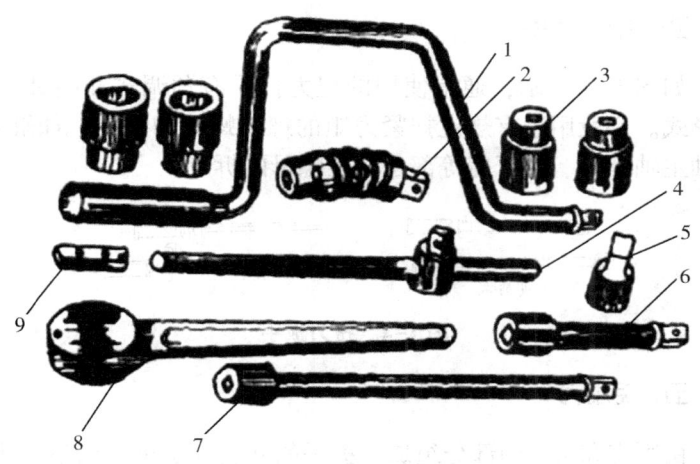

1. 快速摇柄 2. 万向接头 3. 套筒 4. 滑头手柄 5. 旋具接头
6. 短接头 7. 长接杆 8. 棘轮手柄 9. 直接杆

图 1-3 套筒扳手

使用要求如下。

（1）使用时根据螺栓螺母的尺寸选好套筒，套在快速摇柄的方形端头上，视需要与长短再将套筒套住螺栓螺母，转动快速摇柄进行拆装。杆或短接杆配合使用。

（2）用棘轮手柄扳转时，不可拆装过紧的螺栓螺母，以免损坏棘轮手柄。

（3）拆装时，握快速摇柄的手切勿摇晃，以免套筒滑出或损坏螺栓螺母的六角。

（4）禁止用锤子将套筒击入变形的螺栓螺母的六角进行拆装，以免损坏套筒。

（5）禁止使用内孔磨损过甚的套筒。

（6）工具用毕，应清洗油污，妥善放置。

四、扭力扳手

如图1-4所示,通常使用的扭力扳手有预调式和指针式两种形式。一般用于有规定拧紧力矩的螺栓螺母的拆装,如缸盖、曲轴主轴承盖、连杆盖等部位螺栓螺母的拆装。

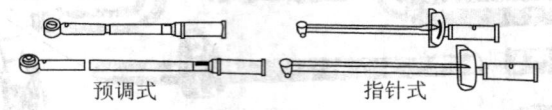

预调式　　　　　　指针式

图1-4　扭力扳手

五、活扳手

由固定和可调两部分组成,扳手的开度大小可以调整。活扳手一般用于不同尺寸的螺栓螺母的拆装,如图1-5、图1-6所示。

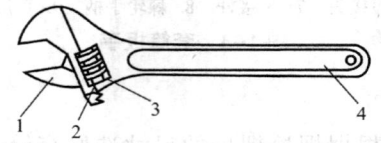

1. 活动钳口　2. 固定钳口　3. 螺杆　4. 扳手体

图1-5　活扳手

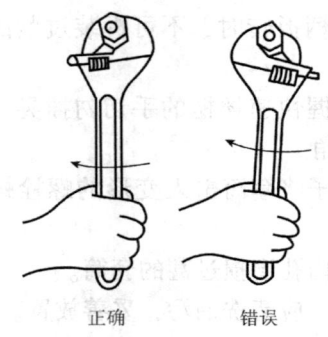

正确　　　　　错误

图1-6　活扳手的使用

六、火花塞套筒

属薄壁长套筒,为火花塞的专用拆装工具,如图1-7所示。

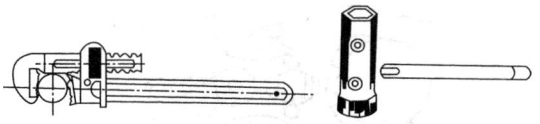

图1-7　火花塞套筒及手柄

七、螺钉旋具

俗称起子,常用的有十字形和一字形两种,如图1-8所示。螺钉旋具有木柄和塑料柄之分,木柄螺钉旋具又分为普通式和穿心式两种,后者能承受较大的扭矩,并可在尾部作适当的敲击。塑料柄螺钉旋具具有良好的绝缘性能,适于电工使用。

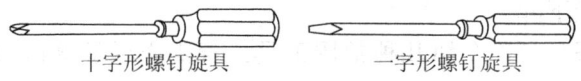

十字形螺钉旋具　　　　一字形螺钉旋具

图1-8　螺钉旋具

八、钳子

汽车拆装中常用的有鲤鱼钳和尖嘴钳,一般用于切断金属丝,夹持或弯曲小零件,如图1-9所示。

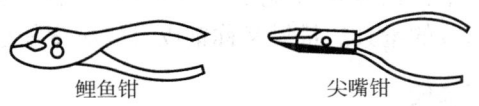

鲤鱼钳　　　　尖嘴钳

图1-9　钳子

九、活塞环拆装钳

指用来拆装活塞环的专用工具,如图1-10所示。

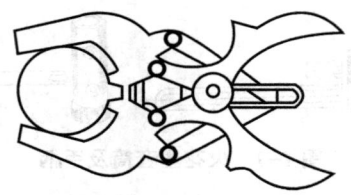

图1-10 活塞环安装钳

十、千斤顶

千斤顶是用来顶起工作物的工具。使用千斤顶时,先把回油开关拧紧,将千斤顶放置好,对正要顶起的部位,压动手柄,工作物要逐渐升起。当落下千斤顶时,将开关慢慢旋开,使工作物缓慢下降。

本书只简单介绍几种常用工具,若要详尽了解请参看相关书籍。

第二节 常用量具

一、量尺

用来测量平面的长度和宽度,确定内外钳的测量尺寸,以及用以进行画线的量具。量尺又称钢皮尺,精度能达到0.5mm。

二、游标卡尺

游标卡尺是一种能直接测量出工件内外直径、宽度和长度、深度的较精密量具,主要有主尺、副尺和固定卡脚、活动卡脚组成。使用游标卡尺先将卡脚接触面和被测工件表面擦干净；测量时将卡脚张开，再慢慢地推动副尺，使卡脚与工件接触；禁止硬卡硬拉；使用后在卡尺上涂抹凡士林，放入盒内保存。

三、螺旋测微器

又称千分尺，其精度可达 0.01mm。有内径和外径螺旋测微器两种，分别测量零件的内径和外径。使用螺旋测微器前应检查有无误差，检查方法是旋转棘轮，当两个砧端（螺旋测微器测量物体的两个圆柱体的外端面）靠拢被测量物体时，棘轮发出"哒哒"的声响，活动管套的前端应与固定管套的"0"线对齐。同时活动管套的"0"线还应与固定管套的基线对齐，如有误差就进行调整。测量时，螺旋测微器螺杆线应与工件中心线垂直或平行，不能歪斜；砧端应保持清洁，接触工件表面时，棘轮发出"哒哒"的声响，这时读数就是工件的尺寸。使用后应擦拭干净，并涂抹凡士林，放入盒内保存。

四、百分表

又叫千分表。用来测量工件的偏差大小，以及用来校验零件垂直平面、水平平面、轴的游隙、轴或汽缸的圆度、圆柱度及平面度等。精度为 0.01mm。

五、量缸表

又称内径表、内径百分表，由百分表和表杆、接杆座、活动测杆（测量头）、支撑架及一套长短不一的接杆等联动装置组成。用来测量孔径，即主要测量发动机汽缸的圆度、圆柱度和磨损情况。读数与百分表一样。测量时，如果指针正好指在"0"处时，说明被测缸径与标称尺寸的缸径相等。当表针顺时针正好指在"0"处时，说明被测缸径与标准尺寸的缸径相等。

当表针顺时针离开"0"位时,表示缸径小于标准尺寸的缸径;反之则大于。

六、塞尺

又称厚薄规或间隙片,用来检测两个接合面之间的间隙大小。

第二章 汽车发动机的维护与维修

第一节 润滑系统的维护保养

一、发动机油平面高度的检查和补充

1. 检查条件

检查前汽车必须停放在水平的地面上,将发动机的变速器挂入空挡,急速运转 5min,使发动机达到正常工作温度。

2. 油量的检查及补充

发动机熄火后,拔出机油尺用干净的抹布将机油尺擦干净,再将机油尺完全插入后取出,查看油面高度。其正常应在高位和低位之间。如机油低于低位线,则应添加与该车相应型号的机油。

二、发动机机油的更换

1. 机油质量的检查

发动机的机油如洁净清澈,且呈蓝褐色或绿褐色则表示机油可以继续使用。油膜的表面有水滴或有呈淡黄色的乳沫则表明机油中有水混入,应及时更换机油。机油呈灰黑状,则表明机油已污染严重,应及时更换机油。能闻出较浓的汽油味,则表明汽缸与活塞环、活塞等零部件磨损严重,使混合气和废气漏入油底壳而造成,此时应及时到维修站去维修并更换机油。用手捻捏少量机油,若手感粗糙,则表明机油中已混入大量的金属屑和其他杂

质；若感到机油较稀，则很可能是混合气中的汽油稀释所致，应去维修站检修并更换机油。若感到机油过于黏稠且有胶质感，则说明机油已老化变质，寿命已尽，应及时更换机油。

2. 机油更换时间的确定

一般情况下，汽车在行驶 5 000 km 后，应更换一次机油。

三、发动机油平面高度的检查和补充

1. 准备工作

一号工位：准备工具及必需物品。

二号工位：将汽车停放在水平地面上，如图 2-1 所示。

图 2-1 将汽车停放在水平地面上

一号工位：安装车轮挡块，如图 2-2 所示。

图 2-2 安装车轮挡块

二号工位：安装尾气排放装置，如图 2-3 所示。

图 2-3　安装尾气排放装置

一号工位：打开舱盖开关，如图 2-4 所示。

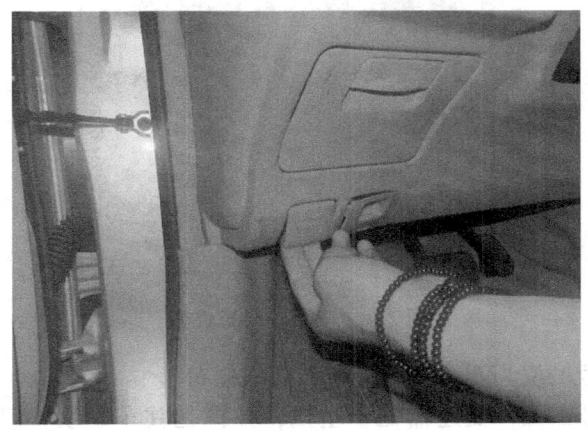

图 2-4　打开舱盖开关

二号工位：打开发动机舱盖，如图 2-5 所示。

图 2-5　打开发动机舱盖

一号工位：安装车内三件套，即脚垫、座椅套和方向盘套，如图 2-6 所示。

图 2-6　安装车内三件套

二号工位：安装翼子板布和前格栅布。

一号工位：变速器处于空挡，并拉起驻车制动，启动发动机进行预热，如图 2-7 所示。

二号工位：备好足量相应车型的机油。

图 2-7　启动发动机预热

2. 机油液面高度的检查

一号工位：拔出机油尺并用干净抹布擦干净，如图 2-8 所示。

图 2-8　拔出机油尺并擦干净

将机油尺插入，再拔出机油尺检查机油液面高度，如图 2-9 所示。

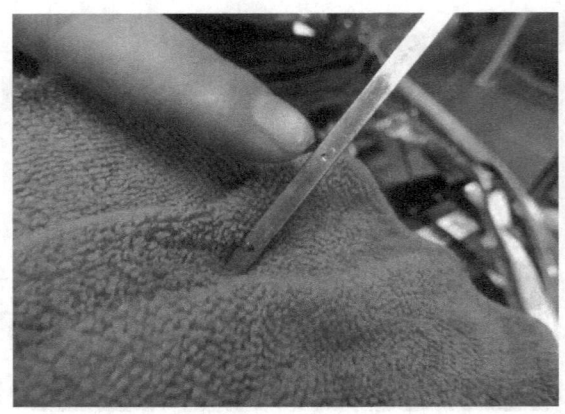

图 2-9 将机油尺插入,再拔出,检查机油液面高度

第二节 冷却系统的维护保养

一、发动机冷却液液面高度的检查和补充

1. 检查条件

检查前汽车必须停放在水平地面上,将发动机的变速器挂入空挡。

2. 冷却液液面高度的检查及补充

发动机处于冷态时,检查膨胀水箱的冷却液液位。检查冷却液液位处在"F"和"L"之间。如冷却液低于"L"线,则应添加与该车相应型号的冷却液。

二、发动机冷却液的更换

有些汽车直接用普通水作为冷却液,每 6 个月清洗更换一次,如果采用防冻液作为冷却液,在更换防冻液或发动机大修后,应进行清洗更换。

三、发动机冷却液液面高度的检查和补充

1. 作业步骤

一号工位:将车辆停放在水平地面上,安装车轮挡块(图 2-1、图 2-2)。

一号工位:安装尾气排放装置(图 2-3)。

二号工位:安装车内三件套(图 2-6)。

二号工位:将换挡杆置于空挡,拉起驻车制动器手柄,如图 2-10 所示。

图 2-10 将换挡杆置于空挡,拉起驻车制动器手柄

二号工位:拉起发动机舱盖开关(图 2-4)。

一号工位:打开发动机舱盖,如图 2-11 所示。

图 2-11 打开发动机舱盖

一号工位：安装车外三件套，如图 2-12 所示。

图 2-12　安装车外三件套

二号工位：启动发动机预热，使发动机冷却液达到正常温度，然后熄火。

一号工位：打开散热器盖，检查冷却液量。如果不足，应补充冷却液到溢出为止，如图 2-13 所示。

图 2-13　打开散热器盖，检查冷却液量

一号工位：补充相同型号的冷却液。

二号工位：检查补偿罐中冷却液的液位，应在"F"和"L"之间。如冷却液低于"L"线，则应添加与该车相应型号

的冷却液，如图 2-14 所示。

图 2-14 检查补偿罐中冷却液的液位

二号工位：补充相同型号的冷却液。

2. 结束工作

一号工位：收回脚垫、座椅套、转向盘套，并将脚垫、座椅套、转向盘套放入指定垃圾箱内。

二号工位：检查发动机舱及地面是否有油污，清洁车身和场地。

一号工位：收回尾气抽排装置，收回挡块。

一号工位：关闭发动机舱盖，清洁工具及归位。

第三节 空气滤清器的维护

一、发动机空气滤清器的检查

1. 检查条件

检查前汽车必须停放在水平地面上，将发动机的变速器挂入空挡。

2. 空气滤清器的检查

现代汽车上多采用纸质滤芯的空气滤清器，纸质空气滤清器的效率高。主要检查空气滤清器的滤芯灰尘是否过多，以及滤芯是否有损坏，密封圈是否有破裂、老化、变形。

二、空气滤清器的更换

空气滤清器使用 4 000~8 000km 需要除尘，一般空气滤清器使用 20 000km 时应该更换滤芯。

三、发动机空气滤清器的检查

（一）作业步骤

一号工位：安装车轮挡块（图 2-2）。

一号工位：安装尾气排放装置（图 2-3）。

二号工位：打开车门，安装车内三件套（图 2-6）。

二号工位：拉起发动机舱盖开关（图 2-4）。

一号工位：打开发动机舱盖（图 2-11）。

二号工位：安装车外三件套（图 2-12）。

一号工位：打开空气滤清器盖的固定卡子。

一号工位：取出空气滤清器。

一号工位：检查空气滤清器芯是否有损坏和灰尘的沉积情况，密封圈是否有破裂、老化、变形，如图 2-15 所示。

图 2-15　检查空气滤清器芯及密封圈

二号工位：准备吹尘枪。

二号工位：从滤芯的内部向外吹，将灰尘吹净，如图2-16所示。

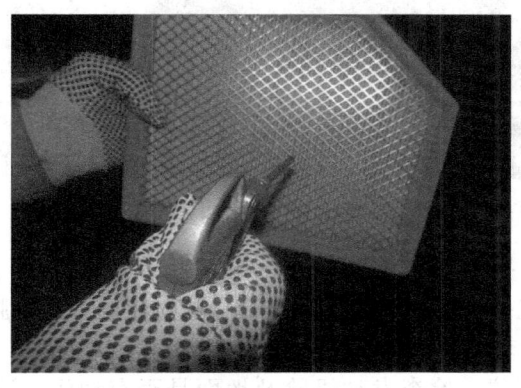

图2-16　从滤芯的内部向外吹，将灰尘吹净

一号工位：用毛巾擦拭空气滤清器壳体的内部。

一号工位：安装空气滤清器，如图2-17所示。

图2-17　安装空气滤清器

一号工位：安装空气滤清器盖的固定卡子，如图2-18所示。

图 2-18　安装空气滤清器盖的固定卡子

（二）结束工作

一号工位：收回脚垫、座椅套、转向盘套，并将脚垫、座椅套、转向盘套放入指定垃圾箱内。

二号工位：检查发动机舱及地面是否有油污，清洁车身和场地。

一号工位：收回尾气抽排装置，收回挡块。

一号工位：关闭发动机舱盖，清洁工具及归位。

第三章 汽车底盘维护与维修

第一节 传动系统的维护保养

一、传动系统的作用、组成和布置

1. 传动系统的作用

汽车一般由发动机、底盘、车身和电气设备组成,底盘由传动系统、行驶系统、转向系统和制动系统四大系统组成。汽车传动系统是指从发动机到驱动车轮之间所有动力传递装置的总称。其功用是将发动机的动力传给驱动车轮。

2. 传动系统的组成

汽车传动系统一般由离合器、变速器(手动或自动变速器)、万向传动装置(万向节和传动轴)、驱动桥(主减速器、差速器、半轴、桥壳)等组成,各部分的功用如下。

(1)离合器。保证换挡平顺,必要时中断动力传递。

(2)变速器。变速、变矩、变向、中断动力传递。

(3)万向传动装置。实现有夹角和相对位置经常发生变化的两轴之间的动力传递。

(4)主减速器。将动力传给差速器,并实现降速增矩、改变传动方向。

(5)差速器。将动力传给半轴,并允许左右半轴以不同的转速旋转。

(6)半轴。将差速器的动力传给驱动车轮。

二、检修的日常安全守则

（1）工具不使用时应保持干净并放到合适的位置。

（2）各种设备和工具要及时检查和保养。

（3）手上应避免沾油污，以免工具滑落。

（4）启动了发动机的车辆应保证驻车制动正常。

（5）不要在车间内乱转。

（6）在车间内启动发动机要保持良好通风。

（7）在车间内穿戴、着装要合适，并佩戴必要的装备，如手套、护目镜、耳塞。

（8）不要将压缩空气对着人或设备吹。

（9）尖锐的工具不要放到口袋里，以免扎伤自己或划伤车辆。

（10）安全通道上不要放工具、设备、车辆等。

（11）正确使用工具。

（12）手、衣服、工具应远离旋转设备或部件。

（13）开车进出车间时要格外小心。

（14）在极疲劳或消沉时不要工作，这种情况会降低注意力，有可能导致对自身或他人的伤害。

（15）如果不知道车间设备如何使用，应先向知晓的人请教，以便得知正确、安全的使用方法。

（16）用举升器或千斤顶升起车辆时一定要按正确的规程操作。

（17）应知道车间灭火器、医疗急救包、吸烟处的位置。

三、离合器踏板检查

1. 作业准备

一号工位：安装座椅套、方向盘套、地板垫。

二号工位：准备直尺和记录单。

2. 常规检查内容

踏板的回弹能力,有无异常噪声、过度松动现象等。

3. 测量踏板高度

一号工位:用直尺测量离合器踏板高度,如图 3-1 所示。如果超出规定范围,则调整踏板高度。

图 3-1　用直尺测量离合器踏板高度

二号工位:记录数据。

提示:测量从地面到离合器踏板上表面的距离。如果必须要从地毯表面开始测量,则从标准值中扣除地毯的厚度,或者地毯和沥青纸毡的厚度。

4. 测量踏板自由行程,如图 3-2 所示

一号工位:先测量离合器踏板高度,然后用手指轻轻按压离合器踏板,感觉有阻力时用直尺测量踏板高度的变化值,即为离合器踏板的自由行程。

二号工位:记录数据。

图 3-2 测量踏板自由行程

5. 调整踏板高度,如图 3-3 所示

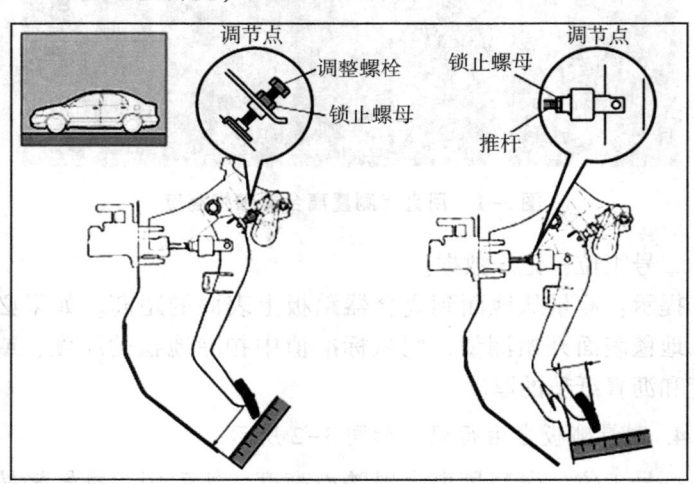

图 3-3 调整踏板高度

(1) 松开调整螺栓的锁止螺母。
(2) 转动调整螺栓直到踏板高度正确。

(3) 上紧限位螺栓锁止螺母。

四、自动变速器的维护

1. 作业准备

一号工位：打开舱盖开关，安装座椅套、方向盘套、地板垫。

二号工位：打开机舱盖，安装翼子板布、前格栅布。

2. 自动变速器油量的检查，如图3-4所示

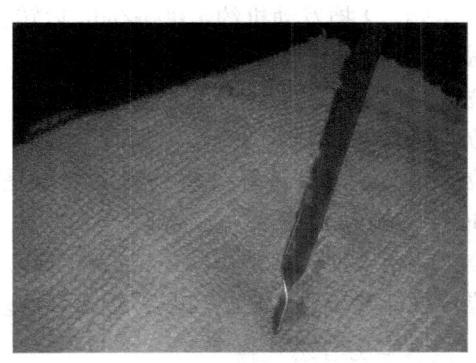

图3-4 检查自动变速器油量

一号工位：启动发动机进行暖机，使发动机和变速器处于正常的工作温度（70~80℃），发动机怠速运转，对自动变速器进行循环换挡操作。

二号工位：在一号工位完成换挡操作后，将变速器油尺拉出擦净，再全部插入管内；再次将油尺拉出，检查油位是否在HOT（热）范围内。若不足，加油至HOT范围。

3. 自动变速器油质的检查

一号工位：检查油质、颜色、气味和杂质，确认ATF是否过热变质。Dexron油染成红色，油质清澈纯净，如颜色变黑、有烧焦味且含有杂质，则予更换。

二号工位：查阅资料，备足新的自动变速器油。

4. 自动变速器油压的测试

一号工位：启动发动机进行暖机，待发动机及自动变速器运转至油温正常后，将汽车驱动轮支起来。

二号工位：在要检测的油压螺孔内，安装好油压表，准备进行油压测试。

一号工位：将变速手柄分别置于空挡，发动机怠速运转；2挡发动机怠速运转；4挡发动机约2 500r/min运转；3挡发动机约2 500r/min运转；2挡发动机约1 000r/min运转；1挡发动机约2 500r/min运转；倒挡发动机1 000r/min运转。

二号工位：观察油压表的读数并记录。

一号工位：落车。

二号工位：对测试结果进行分析，确定油压是否正常（压力值均应为360~490kPa）。

一号工位：关闭发动机，护布归位，清洁工作。

二号工位：拆卸油压表，清洁工具，护布归位。

5. 自动变速器油的自然更换

一号工位：安装护布，做好举车准备。

二号工位：准备工具、足够的新自动变速器油、废油回收容器等。

一号工位：举车。

二号工位：放置废油回收容器，拧开放油螺栓，排放自动变速器油。

一号工位：待油放尽后，安装放油螺栓，并将回收容器移开。

二号工位：落车。

一号工位：加注适量的新自动变速器油。

二号工位：待一号工位加注完成后，进行暖机操作，准备检查油量。

一号工位：检查油量。

二号工位：举车。

一号工位：放置回收容器，排放多余的油液。

二号工位：拆卸护布，清洁车身等。

一号工位：清洁场地，工具归位。

6. 用专用换油机更换自动变速器油：准备工作参见自然更换

一号工位：准备专用换油机，准备新油并放入指定容器内，连接换油机新油管。

二号工位：将自动变速器散热器管和换油机出油管相连接，放掉可自己流出的废油。

一号工位：车辆处于怠速状态，调整进油管压力。

二号工位：启动机器，开始换油。

一号工位：观察新油、旧油显示管的颜色，当颜色一样时，表示清洗和换油完成。

二号工位：落车，清洁工具、设备及场地。

一号工位：车辆归位，护布拆卸及清洁车身等。

第二节 行驶系统的维护保养

一、行驶系的组成及各部分的作用

汽车行驶系统一般由车架、悬架、车桥和车轮组成。车轮通过轴承安装在车桥的两边，车桥通过悬架与车架（或车身）连接，车架（或车身）是整车的装配基体。

1. 车架

车架是连接在各车桥之间形似桥梁的一种结构，是整个汽车的安装基础。它是安装汽车的各总成和部件，使它们保持正确的相对位置，并承受来自车上和地面的各种静动载荷。

2. 悬架

悬架是车架（或车身）与车桥（或车轮）之间一切传力连接装置的总称。一般都由弹性元件、减震器、导向机构等组成，轿车一般还有横向稳定器。

悬架的功用：连接车架（或车身）和车轮，把路面作用到车轮的各种力传给车架（或车身）；缓和冲击、衰减振动，使乘坐舒适，具有良好的平顺性；保证汽车具有良好的操纵稳定性。

3. 车桥

车桥的功用是传递车架或承载式车身与车轮之间各方向的作用力。车桥分为转向桥、驱动桥、转向驱动桥和支持桥4种类型。

（1）转向桥。转向桥由前轴、转向节、主销和轮毂等组成。

前轴：其断面一般是"工"字形，为提高抗扭强度，在接近两端处各有一个加粗部分成拳形，其中有通孔，主销即插入此孔内，中部向下弯曲成凹形，其目的是使发动机位置得以降低，从而降低汽车重心，扩展驾驶员视野，减小传动轴与变速器输出轴之间的夹角。

转向节：是车轮转向的铰链，它是一个叉形件。上下两叉有安装主销的两个同轴孔，转向节轴颈用来安装车轮。转向节上销孔的两耳通过主销与前轴两端的拳形部分相连，使前轮可绕主销偏转一定角度而使汽车转向。

主销：作用是铰接前轴及转向节，使转向节绕着主销摆动以实现车轮的转向。主销的中部切有凹槽，安装时用主销固定螺栓与它上面的凹槽配合，将主销固定在前轴的拳形孔中。主销与转向节上的销孔是动配合，以便实现转向。

轮毂：车轮轮毂通过两个圆锥滚子轴承支承在转向节外端的轴颈上。轴承的松紧度可用调整螺母（装于轴承外端）加以调整。

(2) 转向驱动桥。转向驱动桥的结构组成,既具有一般驱动桥所具有的主减速器、差速器及半轴,也具有一般转向桥所具有的转向节壳体、主销和轮毂等,它与单独的驱动桥、转向桥相比,其不同之处是,由于转向所需半轴被分为两段,分别叫内半轴(与差速器相连接)和外半轴(与轮毂连接),二者用等角速万向节连接起来。同时,主销也因此分成上下两段,分别固定在万向节的球形支座上。转向节轴颈做成空心,以便外半轴从中穿过。转向节的连接叉是球状转向节壳体,既满足了转向的需要,又适应了转向节的传力。转向驱动桥广泛地应用到全轮驱动的越野汽车上。

(3) 支持桥。支持桥属于从动桥。单桥驱动的三轴汽车,后桥设计成支持桥;挂车上的车桥也是支持桥,发动机前置前驱动轿车的后桥也属于支持桥。

4. 车轮

是外部装轮胎,中心装车轴并承受负荷的旋转部件,由轮毂、轮辋和轮辐组成。车轮主要分为辐板式和辐条式。

车轮的功用:支承汽车及货物总质量;保证车轮和路面的附着性,以提高汽车的牵引性、制动性和通过性;与汽车悬架一同减少汽车行驶中所受到的冲击,并减轻由此而产生的振动,以保证汽车有良好的乘坐舒适性和平顺性。

二、车架的检修

1. 外观检查

从外观上检查车架是否有严重的变形、裂纹、锈蚀,螺栓或铆钉松动等现象。

2. 车架变形的检修

车架弯曲的检查可以通过拉线、直尺等来测量、检查。一般要检查车架上平面和侧平面的直线度误差。车架纵梁直线度允许误差为1 000mm，长度上不大于3mm。

3. 裂纹的检修

车架出现裂纹，应根据裂纹的长短及所在部位的不同，采取不同的修复方法。微小的裂纹可以采用焊修的方法。裂纹较长但未扩展至整个断面，且受力不大的部位，应先进行焊修，再用三角形腹板进行加强，如果裂纹已扩展到整个断面，或虽未扩展到整个断面但在受力较大的部位时，应先对裂纹进行焊修，然后用角形或槽形腹板进行加强。加强腹板在车架上的固定可以铆接、焊接或铆焊结合。采用铆接方法时，铆钉孔应上下交错排列。采用铆焊结合的方法时，应先铆后焊，以免降低铆接质量。采用焊接方法时，应尽量减少焊接部位的应力集中。

三、悬架的检修

1. 减震器的检查

在车辆行驶过程中，如减震器发出异常的响声，则说明该减震器已损坏，必须更换。一般减震器是不进行修理的，如有很小的渗油现象不必调换，如漏油较多可通过拉伸和压缩减震器来检查渗油现象。漏出的减震器油不能再加入减震器内重新使用，漏油的减震器不能再继续使用。

2. 前悬架支柱总成的检修

在零件全部解体后，应进行清洗、检查，必要时测量。如有下列情况，必须更换新件。

（1）制动盘工作面严重磨损，超出规定或表面出现裂纹。

（2）挡泥板严重扭曲变形。

（3）轮毂花键松旷，磨损严重。

（4）弹簧挡圈失效。

（5）车轮轴承损坏（注意：需要更换整套轴承）。

（6）前悬架支柱件任何一条焊缝出现裂纹或严重变形。

四、车桥的检查

1. 前轴的磨损检修

钢板弹簧座平面磨损大于 2mm，定位孔磨损大于 1mm，堆焊后加工修复或更换新件。

2. 主销承孔的磨损检修

承孔与主销的配合间隙：轿车不大于 0.10mm，载货汽车不大于 0.20mm。磨损超过极限，可采用镶套法修复。

3. 转向节的检修

（1）隐伤的检验。转向节的油封轴颈处，因其断面的急剧变化，应力集中，是一个典型的危险断面，容易产生疲劳裂纹，以致造成转向节轴疲劳断裂酿成重大的交通事故。因此，二级维护和修理时必须对转向节轴进行隐伤检验，一旦发现疲劳裂纹，只能更换，不许焊修。

（2）磨损的检修。转向节轴颈磨损的检修。轴颈与轴承的配合间隙：轴颈直径不大于 40mm 时，配合间隙为 0.040mm；轴颈直径大于 40mm 时，配合间隙为 0.055mm。转向节轴颈磨损超标后应更换新件。

转向节轴颈锁止螺纹的检验。损伤不多于 2 牙。锁止螺母只能用扳手拧入，若能用手拧入，说明螺纹中径磨损松旷，应予以修复或更换转向节。

转向节上面锥孔的检验。与转向节臂等杆件配合的锥孔的磨损，应使用塞规进行检验，其接触面积不得小于 70%，与锥孔配合的锥颈的推力端面沉入锥孔的沉入量不得小于 2mm；否则，更换转向节。

五、轮胎的检查及车轮的换位

轮胎的不正常磨损及原因，如图 3-5 所示。

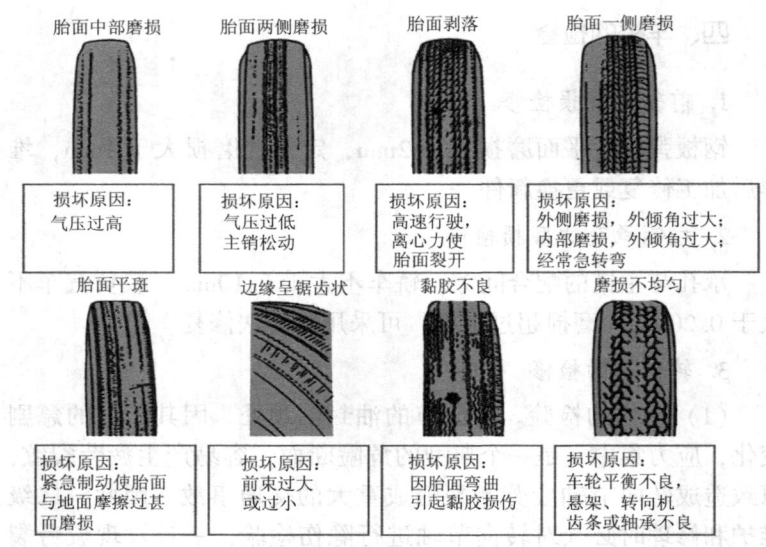

图 3-5 轮胎的不正常磨损及原因

为了防止轮胎偏磨损,延长轮胎的使用寿命,每行驶10 000 km时用以下两种方式变换轮胎的位置。轮胎的换位,如图3-6所示。

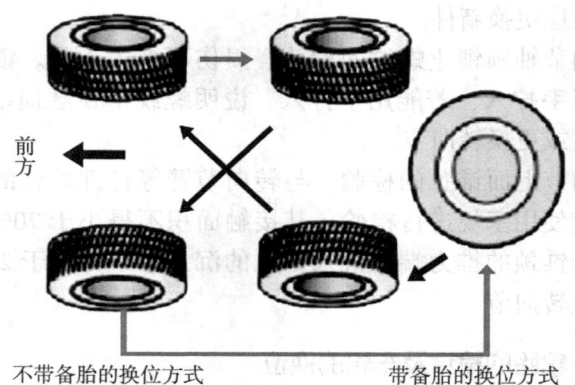

图 3-6 轮胎的换位

六、轮胎的更换周期

轮胎上有表示外胎磨损程度的标记,也就是轮胎旁边槽中或△标记方向的突出部分表示磨损程度。当轮胎磨损到这部分时要更换,如图3-7所示。

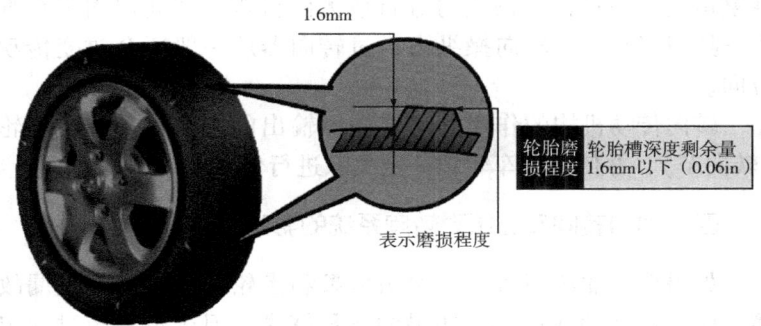

图3-7 轮胎的磨损程度

第三节 转向系统的维护保养

一、转向系统的作用

转向系统是用来改变或保持汽车行驶或倒退方向的一系列装置。汽车转向系统的功能就是按照驾驶员的意愿控制汽车的行驶方向。

二、转向系统的分类

汽车转向系统分为两大类:机械转向系统和动力转向系统。完全靠驾驶员手力操纵的转向系统称为机械转向系统,借助动力来操纵的转向系统称为动力转向系统。动力转向系统又可分为液压动力转向系统和电动助力动力转向系统。

三、转向系统的组成

转向系统一般由转向操纵机构和转向传动机构组成。

转向操纵机构主要由转向盘、转向轴、转向管柱等组成。转向器是将转向盘的转动变为转向摇臂的摆动或齿条轴的直线往复运动，并对转向操纵力进行放大的机构。转向器固定在汽车车架或车身上，转向操纵力通过转向器后一般还会改变传动方向。

转向传动机构的作用是将转向器输出的力和运动传给车轮（转向节），并使左右车轮按一定关系进行偏转。

四、动力转向液油压对转向系统的影响

如果最大油压不等，则说明齿条和齿轮总成有内部泄漏故障，应进行修理或更换。如果油压足够高，但读数差超过规定值，则说明动力转向油泵中阀门卡滞，应拆卸并清洗阀门。修理后，要再次检查油压，当油压正常时，可拆除油压表，将高压软管接回到动力转向油泵上。

在油压检查时，如果阀门完全打开后油压低于规定值，应更换流量控制阀，并重新对系统进行检查。如果油压读数仍然低，则应检查动力转向油泵转子和叶片是否磨损。如有磨损，应更换动力转向油泵，并冲洗动力转向系统。

五、转向轮定位

为了保持汽车直线行驶的稳定性、转向的轻便性和减少轮胎与机件的磨损，转向车轮、转向节和前轴三者与车架安装时要保持一定的相对位置或要求，这种具有一定相对位置的安装称为转向轮定位，也称前轮定位。前轮定位的内容包括主销后倾、主销内倾、前轮外倾和前轮前束。

1. 主销后倾

主轴装在前轴上后，在纵向平面内，其上端略向后端倾斜，这种现象称为主销后倾。在纵向平面内，主销轴线与汽车支撑面垂线之间的夹角 r 叫主销后倾角。如图 3-8 所示。

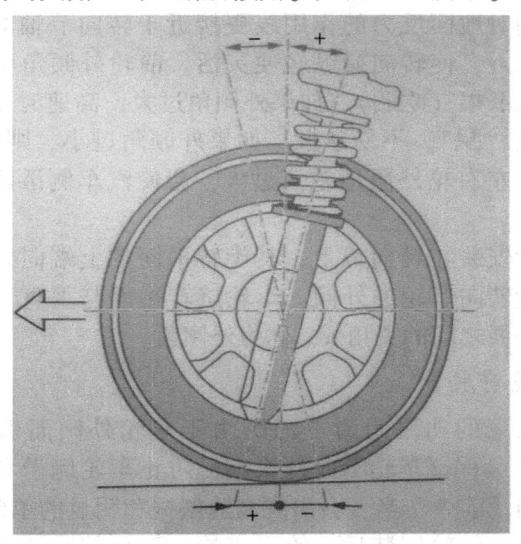

图 3-8　主销后倾

主销后倾的功用是形成回正力矩，保证汽车直线行驶的稳定性，并使汽车转向后回正操纵轻便。

2. 主销内倾

主销安装在前轴上后，在汽车的横向平面内，其上端略向内倾斜，这种现象称为主销内倾。在横向垂直平面内，主销轴线与垂线之间的夹角 β 叫主销内倾角。主销内倾角一般为 $6°\sim9°$。

主销内倾的作用是使前轮自动回正，转向轻便，并减小汽车行驶时路面通过车轮传给转向机构的冲击力。

3. 前轮外倾

前轮外倾的作用在于提高前轮工作的安全性和转向操纵轻便性。前轮设置外倾角后，地面对前轮的反作用力沿前轮旋转轴线的分力将前轮压向转向节内侧，可防止汽车行驶中前轮向外脱出，同时地面反力的作用线更接近于转向节轴的根部，可以减小转向力，使转向操纵轻便灵活。前轮外倾角不正确轮胎会出现单边磨损（吃胎）。如果外倾角过大，高速时车身晃动加剧，转向发"飘"，不易掌握。如果外倾角过小，则转向太沉，回位不良。左右轮外倾角差值过大，会使汽车侧滑跑偏，轮胎磨损不匀。

转向轮安装在转向节上，其旋转平面的上端向外倾斜，这种现象称为转向车轮的外倾。车轮旋转平面与垂直于车辆支承面的纵向平面之间的夹角 α，称为外倾角。

4. 前轮前束

前轮前束的功用是为了消除由于车轮外倾而引起的前轮"滚锥效应"，保证车轮不向外滚动，防止车轮侧滑和减轻轮胎的异常磨损。前束不当，会出现高速摆振和明显的单侧磨损。

汽车两个前轮安装后，俯视车轮，两个前轮的旋转平面并不完全平行，而是稍微带一些角度，这种现象称为前轮前束。在通过两前轮中心的水平面内（胎压符合要求），两前轮的前端距离 B，小于两前轮后端距离 A，其差值为 $(A-B)$，称其前轮前束值。前端小后端大像内八字一样的称其正前束，而后端小前端大像外八字一样的称其负前束。

第四节 制动系统的维护保养

一、制动系统的作用

汽车制动系统的作用是使行驶中的汽车按照驾驶员的要求

进行强制减速甚至停车，使已停驶的汽车在各种道路条件下（包括在坡道上）稳定驻车，使下坡行驶的汽车速度保持稳定。

二、制动系统的组成

制动系统一般由制动操纵机构和制动器两个主要部分组成。

1. 制动操纵机构

产生制动动作、控制制动效果并将制动能量传输到制动器的各个部件。

2. 制动器

产生阻碍车辆的运动或运动趋势的力（制动力）的部件。汽车上常用的制动器都是利用固定元件与旋转元件工作表面的摩擦而产生制动力矩，称为摩擦制动器。它有鼓式制动器和盘式制动器两种结构。

三、制动液的分类

1. 国外制动液的分类标准

常用的进口制动液有 DOT-3、DOT-4 和 DOT-5 三种。

2. 国产制动液的品种、牌号和规格

国产制动液依据其平衡回流沸点，可分为 JG0、JGl、JG2、JG3、JG4、JG5 6个质量等级，序号越大平衡回流沸点越高，高温抗气阻性越好，行车制动安全性越高。

四、制动液的平衡回流沸点

平衡回流沸点亦称干平衡回流沸点，是指制动液在测定条件下开始沸腾的温度。

它是评价制动液高温抗气阻性能的指标，也是决定汽车在高温条件下制动可靠性和质量等级的主要指标，该温度越高，其制动液的高温性能越好，不易产生气阻，制动就越安全可靠。

所以，在制动液规格标准中都对平衡回流沸点做了规定。现代汽车刹车系统，由于汽车平均速度的增加及密闭式车轮设计导致空气流动不好，使刹车油要承受较高的温度，因此，刹车油的沸点要高，以防刹车油因气化而产生气阻，使刹车失灵。

五、制动液的选用原则

（1）不能混合使用制动液。
（2）应保持制动液的清洁。
（3）应防止制动液的吸潮。
（4）应定期更换制动液。
（5）注意检查制动液的温度。
（6）注意对液压制动系统的保护。
（7）制动液的更换周期一般为2年。

第四章 汽车电气设备的维护与维修

第一节 电动车窗的维护和保养

车窗玻璃的污损不但会影响外观,而且也会影响人们的视野,而过分脏污的车窗玻璃同时还会影响电动开关车窗的动作。为防止雨水流入车内,车窗的门框上都装有橡胶带,橡胶带会与玻璃经常接触。玻璃污损后与橡胶带的摩擦增大,从而影响开关的动作,经常摩擦,橡胶带就会产生松动,从而导致密封不严,因此,必须经常保养电动车窗。

一、电动车窗的作用

为了方便驾驶员和乘客,减轻他们的劳动强度,许多轿车采用了电动车窗,又称自动车窗,利用电动机来驱动升降器(又称换向器)使车窗上下移动。

二、电动车窗的组成

电动车窗主要由车窗升降器、电动机、开关等组成。车窗升降器有两种形式。一种是用齿扇来实现换向作用;另一种是使用柔性齿条和小齿轮,车窗连在齿条的一端,电动带动轴端小齿轮转动,使齿条移动,以带动车窗升降。

三、电动车窗常见故障

电动门窗如果出现故障,如电动开关车窗动作不顺畅,那么原因多为车门内部升降机里的油分耗尽，这时应该取下内盖加上油。若是玻璃完全不能上下，则有可能是开关故障。如果是开关的故障，只能更换马达。电子装置如果失灵，主要应检查保险丝是否熔断。

电动车窗常见故障有：所有车窗均不能升降，某车窗不能升降或只能一个方向运动。

四、可能的故障原因

（1）右前车窗控制开关损坏。
（2）驾驶员侧车窗控制开关损坏。
（3）窗锁开关损坏。
（4）车窗电机损坏。
（5）车窗线束损坏。

五、电动天窗的维护和保养

手动天窗，很多故障是使用不当造成的，如锁扣或摇柄不慎拧反方向而对天窗造成的损害。汽车在颠簸的道路上行驶时不要完全滑开电动天窗，否则可能因天窗和滑轨间的振动太大而引起相关部件变形，甚至损坏电机。

后加装的天窗，应注意做好以下几个方面：合格的产品、专业的安装、正确的使用和定期的保养。

天窗完全防水是由橡胶密封圈密封，日常使用时要注意密封圈的防尘，特别是在冬季，要经常用除尘掸进行清洁。注意：不能在有冰冻的情况下开启天窗；在风沙较大的春秋两季，要每两个月用湿海绵清洁一次密封圈；带天窗的车辆在长久停放前，应彻底清洁天窗。

洗车时，不要将高压水柱直接对准密封圈，否则容易使密封圈在高压水柱压力下变形而使车内进水，同时还可能损坏密封圈。

六、电动天窗的初始化调整

（1）首先保证天窗电机和机械组必须处于"零位"。

（2）拆卸驱动罩盖。

（3）拔、插控制单元到电机的插头，拔、插延迟时间应大于3s，然后按照先连接挡位开关，再连接电源的顺序进行连接。

（4）旋转挡位开关从关闭位置顺时针旋转一定角度（大约15°），并在电机没有运转起来前迅速把开关回到关闭位，然后按下挡位开关的一端（此操作同执行紧急关闭功能，并应在开关回到关闭位后的5s内完成），天窗开始进入初始化过程，即自动完成全开-关闭-翘起-关闭的完整操作。

（5）天窗关闭后，释放挡位开关，初始化结束。

七、电动天窗的季节保养

进入雨季前，天窗的框架和密封条缝隙中积存了大量的灰尘和泥沙，如不及时清理，进入雨季后，就会降低天窗的密封性，从而引起漏水现象。此时需要打开天窗，用软布将框架和密封条缝隙中积存的灰尘及泥沙清理干净。

第二节 空调的检查和维护

夏日里炎热的天气下驾车出行，汽车空调的作用就显得格外重要。想要有一个凉爽舒适的车内空间，需要质量上乘的空调，正确地使用空调和对空调进行认真的维护和保养也是十分必要的。

一、空调保养的作用

1. 预防空调病

长期在汽车空调环境下，因空气不流通，车内空气污染较为严重,会出现鼻塞、头晕、打喷嚏、耳鸣、乏力、记忆力减退等症状,甚至会导致与皮肤过敏特征相关的症状。这些现象被称之为"空调病"。

2. 延长空调使用寿命

空调使用一段时间之后,冷凝器、蒸发器表面会积聚大量灰尘及污垢,造成气流堵塞,致使制冷效果下降。增加汽车油耗和噪声,严重时可能造成压缩机损坏,增大故障率,降低空调的使用寿命,而且还会产生异味,滋生细菌、螨虫等,危害人们的身体健康。

3. 减少汽车油耗

空调在多次工作后,冷凝器、蒸发器表面积聚的大量灰尘及污垢,会堵塞散热片之间的微小空隙,影响散热片的散热,从而导致冷凝器压力升高,压缩机马达电流增大,运行时间成倍延长,耗油量显著增加。

二、空调保养的内容

保养空调最重要的是清洗。及时地对冷凝器、蒸发器表面灰尘和积垢进行清理,不仅能增强制冷效果,而且还能保养管道,减少各器件的消耗。由于冷凝器安装在车辆最前面,所以脏、堵现象比较严重,如果直接用高压水仅能冲去浮土,只有把冷凝器取下来,反向吹洗方能除净。而蒸发器的脏、堵情况会相对较轻,但由于内循环时灰尘会附着在蒸发器表面,蒸发器内混入冷凝水变成胶泥,既影响风量又影响换热效果。所以一般原装空调的蒸发器至少每3~4年要拆下彻底清洗。

要及时检查空调有无漏氟现象,一般3年左右补氟一次,但是不可盲目添加,一定要先检查,如确有缺失,可适量添加,不要一因空调制冷效果不佳就盲目加氟。

使用季节过后将压缩机上的皮带摘掉,这种做法对汽车空调反而容易造成损害,如果压缩机内的低温润滑油长期停滞,可能造成压缩机内部生锈。所以不管空调使用与否,应该保持每星期开启一次,每次运转 5~10min。如担心燃油消耗,可以把皮带松弛一些,到了下一个使用季节后再张紧。

三、使用季前的检查维护

1. 准备工作

将汽车停放在水平地面上。

一号工位:安装车轮挡块。

二号工位:安装尾气排放装置。

一号工位:打开舱盖开关。

二号工位:打开发动机舱盖。

一号工位:安装脚垫、座椅套和方向盘套。

二号工位:安装翼子板布和前格栅布。

2. 空调的季前检测维护

一号工位:用压缩空气吹去冷凝器表面的灰尘,如图 4-1 所示,如积灰太多应先进行清洗,然后用压缩空气吹干。

图 4-1 用压缩空气吹去冷凝器表面的灰尘

二号工位:用压缩空气吹去蒸发器表面的灰尘。

一号工位：检查开关和控制元件的性能是否可靠。

二号工位：用检漏仪检查各管路是否有泄漏。检查各紧固件。

一号工位：从窥视孔观察制冷剂的气泡是否正常，过少则应添加相应的制冷剂。

二号工位：检查风机和压缩机皮带的松紧度和皮带质量。

一号工位：启动发动机，启动空调，让压缩机运转 5min。

二号工位：用温度计检测制冷效果。

3. 结束工作

一号工位：清洁汽车、回收脚垫、座椅套、转向盘套；收好翼子板布和前格栅布，关好发动机舱盖。

二号工位：清洁并整理作业场地。

四、使用季节结束后的检查维护

1. 准备工作

将汽车停放在水平地面上。

一号工位：安装车轮挡块。

二号工位：安装尾气排放装置。

一号工位：打开舱盖开关。

二号工位：打开发动机舱盖。

一号工位：安装脚垫、座椅套和方向盘套。

二号工位：安装翼子板布和前格栅布。

2. 空调的季后检测维护

一号工位：用检漏仪检查各管路是否有泄漏。

二号工位：检查电磁离合器的轴承是否松动，听听轴承是否有异响。

一号工位：稍稍松开压缩机皮带，如图 4-2 所示。注意：严禁在使用结束后，拆下空调压缩机皮带（有些汽车发动机的空调压缩机与发电机共用一根皮带)。

图 4-2　稍稍松开压缩机皮带

二号工位：检查压缩机的润滑油油量，必要时应进行补充。

3. 结束工作

一号工位：清洁汽车、回收脚垫、座椅套、转向盘套；收好翼子板布和前格栅布，关好发动机舱盖。

二号工位：清洁并整理作业场地。

第五章 汽车常见故障的维护与维修

第一节 曲柄连杆机构常见故障的诊断与排除

发动机主要部件的配合在使用过程中,常常会因磨损而导致配合间隙增大,或因装配不当、紧固件松动而使发动机工作时发出金属敲击声。曲柄连杆机构的异响往往反映不同性质和不同程度的故障。异响的判断是根据其产生部位、声响特征、出现时机、变化规律,以及尾气排放的烟色、烟量等情况进行的,并借助诊断仪器找出故障产生的部位及原因。

一、活塞敲缸

(一)故障现象

(1)发动机怠速时,在汽缸上部发出清晰的"嗒、嗒、嗒"敲击声。

(2)冷车时异响明显,热车时异响减弱或消失。

(3)该缸断火后,异响减弱或消失。

(二)原因分析

(1)活塞与汽缸壁的间隙过大,活塞在汽缸内摆动,撞击汽缸壁发出异响。

(2)活塞销与连杆衬套装配过紧。

(3)活塞顶部碰到汽缸垫。

(4)连杆变形。

第五章 汽车常见故障的维护与维修

（三）故障诊断与排除

（1）用听诊器在汽缸上部听诊，异响明显。

（2）确认是否敲缸，可向怀疑发响的汽缸内注入少量机油，使机油附于汽缸壁和活塞之间，再次启动发动机察听。若敲击声减弱或消失，但运转短时间后又出现，则判断是该缸活塞敲缸，这是由于活塞与汽缸壁之间间隙过大所导致的。

（3）如果是连杆变形、连杆衬套与活塞销配合过紧而产生的异响，应重新校正连杆或连杆衬套。活塞与汽缸壁的配合间隙过大时，若因活塞磨损过大而产生异响，可更换同一修理尺寸的新活塞；汽缸磨损过大时，则应镗磨汽缸并配以相应级别的活塞。

二、活塞销响

（一）故障现象

（1）怠速和中速时响声比较明显、清脆，为有节奏的"嗒、嗒"声。

（2）发动机转速变化时，响声的周期也随着变化。

（3）发动机温度升高后，响声不减弱。

（4）该缸断火后，异响减弱或消失；该缸恢复工作的瞬间，会有明显的响声或双响声。

（二）原因分析

（1）活塞销与连杆小端衬套配合松旷。

（2）活塞销与活塞销座孔配合松旷。

（三）故障诊断与排除

（1）当发动机转速变化时，将听诊器触及汽缸体上部，可听出清脆、连续的响声。

（2）若活塞销与连杆小端衬套配合间隙过大，应更换新的活塞销和连杆衬套后重新铰销；若活塞销与活塞销座孔配合松动，应更换新的活塞销和活塞。

三、主轴承响

(一) 故障现象

(1) 发动机转速变化时,发出低沉而连续的"镗、镗"声,严重时发动机机体发生振动。

(2) 响声随发动机转速提高而增大,随负荷的增大而增大,产生异响的部位在汽缸的下部。

(3) 单缸断火后,响声无明显变化,相邻两缸断火时,响声会明显减弱。

(4) 检查机油压力时,发现机油压力明显降低。

(5) 温度升高后,响声无变化。

(二) 原因分析

(1) 轴承与轴颈磨损而导致配合间隙过大。

(2) 轴承润滑不良,造成轴承合金层烧蚀、脱落。

(3) 主轴承与座孔配合松动。

(4) 主轴承盖螺栓松动。

(三) 故障诊断与排除

(1) 在汽缸体下部听诊,或在机油加油口察听,并反复改变发动机转速,突然加速或减速,如有明显的沉重响声,则是主轴承响。

(2) 发动机在正常工作温度下,当转速由低速加速到高速时,出现有节奏而沉重的响声,发动机温度越高,异响越明显。

(3) 若主轴承盖螺栓松动,按规定的拧紧力矩拧紧;若因主轴承磨损而导致与轴颈的配合间隙过大或主轴承合金层烧蚀、脱落,可更换同一修理尺寸的主轴承。当主轴颈磨损时,应修磨主轴颈,并配以相应修理级别的主轴承。

四、连杆轴承响

(一) 故障现象

(1) 突然加速时,有明显、连续的"嗒、嗒"敲击声。

(2) 异响在怠速时较弱,中速时较为明显,发动机温度升高后,异响无变化。

(3) 单缸断火后,异响减弱或消失。

(4) 发动机负荷变化时,响声随负荷的增加而加剧。

(二) 原因分析

(1) 连杆轴承盖的螺栓松动。

(2) 连杆轴承或轴颈磨损过甚,造成径向间隙过大。

(3) 连杆轴承合金层烧蚀、脱落。

(4) 连杆轴承与座孔配合松动。

(三) 故障诊断与排除

(1) 在机油加油口处听诊,发动机由低速加速时,发出明显连续的敲击声。发动机温度升高时响声增大。

(2) 该缸断火时,响声减弱或消失。该缸恢复工作的瞬间,响声恢复,说明该缸连杆轴承异响。

(3) 若异响严重,说明轴承与轴颈间隙较大,并伴有机油压力下降。

(4) 若连杆轴承盖螺栓松动,按规定的拧紧力矩拧紧;若因连杆轴承磨损而使得与轴颈的配合间隙过大或连杆轴承合金层烧蚀、脱落,可更换同一修理尺寸的连杆轴承。当连杆轴颈磨损或圆度误差过大时,应修磨连杆轴颈,并配以相应维修级别的连杆轴承。

第二节 燃油供给装置常见故障的检修与排除

一、汽油滤清器过油不畅故障分析与排除

（一）故障原因分析

（1）滤芯阻塞或冬天滤清器内积水过多而冻结，使汽油流动阻力加大。

（2）汽油泵供油量不足或供油系内有"气阻"，降低了滤清器滤芯的过油能力。

（二）故障检修及排除

（1）安装滤芯前，要用汽油清洗各处，尤其是进油管接头。检查油管接头螺纹情况以及密封垫处是否完好。滤芯要固定牢固，对于陶瓷滤芯，不可固定过紧，以防滤芯破裂。装配时应在沉淀杯内加满清洁的汽油，以防杯内存有空气，影响供油。

（2）对于因长期使用而使陶瓷滤芯全堵塞的，可用以下方法进行处理：将滤芯放在火焰上焙烧 30min 后，置于室温下冷却；再用水清洗干净，用压缩空气由内向外吹干。

（3）检查汽油泵的供油量。汽油泵性能试验最好在专门的试验台上进行，或采用经验法试验，方法如下：将汽油泵进油口浸入汽油中，若出油急促而有力，其出油垂直扬程大于 0.5mm，则表示汽油泵性能良好。

陶瓷式滤芯清洗法：先在沸水中煮约 10min，再用压缩空气由内向外吹去污物，然后放入清洁的煤油（或汽油）中浸泡、冲洗，最后再用压缩空气从滤芯内往外吹干净。

二、汽油箱供油不畅故障分析与排除

（一）故障原因分析

（1）汽油箱盖因空气阀打不开或油箱上的通气孔堵塞；或因气温突然下降，油箱内蒸汽凝结压力降低造成油箱油面下降，形成真空影响了汽油泵的吸油量。

（2）汽油管有气阻或油管内有水结冰，使汽油流动阻力增加。

（3）油箱上的出油开关与油管脱焊、破裂、阻塞，或油箱开关质量欠佳等，出现漏气后，降低了汽油泵的吸油能力。

（二）故障检修及排除

对油管破损的应焊修；连接处松脱的应予以紧固，对油箱开关或油箱盖质量不好的予以更换或修复。另外，应经常排放汽油滤清器中的积水和污垢。

第三节 行驶系统的故障诊断

一、车桥的故障诊断

（一）前桥配合松旷的影响

前桥配合部位松旷，会影响前轮定位的准确性，有人称其为"前轮定位效应"。同时，也使转向振动系统的刚度及阻尼作用降低，造成汽车前轮摆动或前轮跑偏，也可能引起转向盘沉重及转向盘振抖等故障。

一般先检查转向盘的自由转动量。若自由转动量过大，在检查调整轮毂轴承间隙之后，拆下转向器摇臂，固定摇臂轴，再一次检查转向器的自由转动量。若自由转动量仍然过大，则检查调整转向器传动副的啮合间隙，使转向盘的自由转动量符合规定，然后装好摇臂轴并检查转向盘的自由转动量。重新装好摇臂轴之后，转向盘的自由转动量仍然过大，说明转向传动机构的配合部位，或者转向节、独立悬架的摆臂、支撑杆（稳定杆）或推力杆配合松动，应逐一检查调整。随着行驶里程的增加，各配合零件磨损增大，就会造成配合松动而影响汽车操纵的稳定性和轻便性，所以，在各级维护中，必须认真做好此项检查调整工作。

（二）前桥的故障诊断

前桥、转向系的故障使汽车的操纵稳定性与操纵轻便性变差。常见故障有前轮摆动、前轮跑偏、转向盘沉重或转向盘振抖等，同时引起轮胎的异常磨损。影响汽车操纵性能，造成前桥、转向系故障的因素很多，故障部位的判断也很困难，在判断故障时，要同时把轮胎磨损的特征也作为依据。首先，要考虑前桥造成故障的原因，其次，还要检查前轮轮胎的气压、气压差和胎面磨损的差异，前轮的平衡性能；左右悬架的弹力，前轴（支撑梁）和车架的变形；前、后桥的轴距以及平行度误差等因素。

（三）前轴、车架变形的影响

非独立悬架的前轴变形，独立悬架支撑架、摆臂、稳定杆与支撑架变形，车架的变形，杆件长度不符原厂规定等，都会产生"前轮定位效应"，破坏汽车操纵的稳定性和轻便性。当消除前桥、转向系配合松动、配合过紧、调整前轮定位、调整轮胎气压、车轮平衡之后，汽车侧滑量仍然过大，仍不能恢复汽车操纵的稳定性，即可怀疑前轴、车架等零部件变形，必要时进行拆检或修理。

（四）前轮定位的影响

汽车操纵的稳定性主要取决于前轮定位的准确程度。汽车二级维护时，在侧滑试验台上检测汽车侧滑量的基础上，用光学水准前轮定位仪检查调整前轮定位。

1. 前轮定位与轮胎磨损的关系

如果胎冠在整个圆周上出现从外侧依次向内的台阶形磨损，侧滑量为正值且大于 5m/km，说明前束值过大；若胎冠圆周上出现依次由内侧向外侧的台阶形磨损，侧滑量为负值且大于 5m/km，说明前束值过小。

2. 前轮自动跑偏

前轮跑偏有以下 3 种情况：

（1）汽车中、高速行驶时放松转向盘之后，前轮急剧跑偏，驾驶员往往必须握紧转向盘约束前轮跑偏。

（2）车辆直线行驶中，放松转向盘，前轮逐渐跑偏，此故障往往在较低车速时就会出现。产生前轮逐渐跑偏的主要原因是两侧前轮外倾差异过大，外倾角大的前轮所产生的绕主销回转力矩必然大于外倾角小的前轮所产生的回转力矩，使汽车方向向外倾角大的一侧跑偏。应在保持主销后倾角正确的前提下调整前轮外倾以排除故障。

（3）前轮跑偏的原因是前轮外倾值和前束值都大，产生过分的过度转向。

二、车轮与轮胎的故障诊断

（一）轮胎常见故障诊断

1. 内侧磨损或外侧磨损

内侧或外侧磨损如图 5-1 所示。

（1）在过高的车速下转弯，轮胎滑动，便产生了斜形磨损。这是较常见的轮胎磨损原因之一。驾驶员所能采取的唯一补救措施，就是在转弯时降低车速。

（2）悬架部件变形或间隙过大，会影响前轮定位，造成不正常的轮胎磨损。

（3）如果轮胎面某一侧的磨损，快于另一侧的磨损，则主

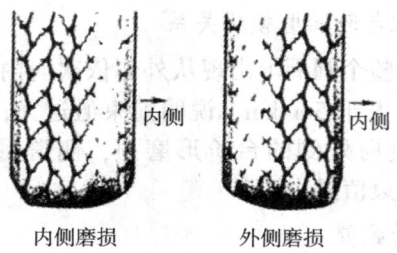

图 5-1　内侧或外侧磨损

要原因可能是外倾角不正确。由于轮胎与路面接触面积大小因荷载而异，对具有正外倾角的轮胎而言，其外侧直径要小于其内侧直径。因此胎面必须在路面上滑动，以便其转动距离与胎面的内侧相等。这种滑动便造成了外侧胎面的过量磨损。反之，具有负外倾角的轮胎，其内侧胎面磨损较快。

2. 不正常磨损

胎肩或胎面中间磨损，如图 5-2 所示。

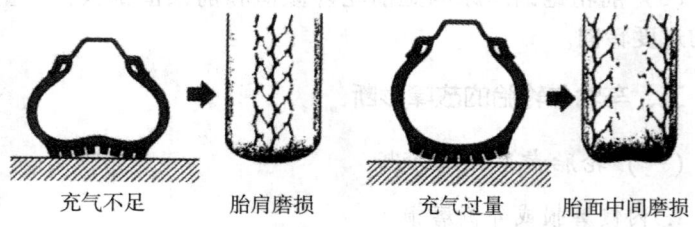

图 5-2　胎肩或胎面的磨损

集中在胎肩上或胎面中间的磨损，主要是由于未能正确保持充气压力所致。如果轮胎充气压力过低，轮胎的中间便会凹入，将荷载转移到胎肩上，使胎肩磨损快于胎面中间。

如果充气压力过高，轮胎中间便会凸出，承受了较大的荷载，使轮胎中间磨损快于胎肩。

3. 前束磨损和后束磨损（羽状磨损）

（1）胎面的羽状磨损，主要是由于前束调节不当所致，过量的前束，会迫使轮胎向外滑动，并使胎面的接触面在路面上朝内拖动，造成前束磨损。如图5-2所示，胎面呈明显的羽毛形。用手指从轮胎的内侧至外侧划过胎面便可加以辨别。

（2）过量的后束，会将轮胎向内拉动，并使胎面的接触面在路面上朝外拖动，造成后束磨损所示。

4. 斑状磨损（环状槽形磨损）

（1）环状磨损是车辆高速行驶时产生的，其特点是在胎面上出现一处或多处的杯形凹陷。

（2）如果车轮轴承、球节、转向横拉杆端头等部件的间隙过大，或者轴颈弯曲，则轮胎高速旋转时，便会在某些特定的点上摆振，施加产生滑动的强大摩擦力，这两者均可导致斑状磨损。

（3）制动鼓变形或不规则磨损，会造成按一定周期制动，导致轮胎沿圆周方向相对较宽的面积上，出现斑状磨损。

5. 前端和后端磨损

（1）前端和后端磨损是一种局部磨损，常常出现在具有横向花纹和区间花纹的轮胎上，胎面上的区间发生斜向磨损（与鞋跟的磨损方式相同），最终变成锯齿状，如图5-3所示。

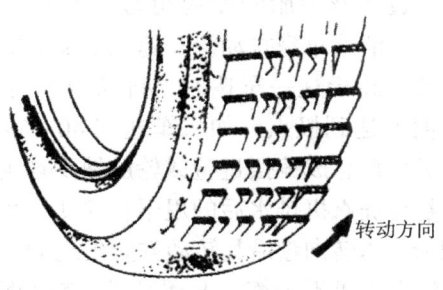

图5-3　前端和后端磨损

（2）具有纵向花纹的胎面，磨损时会产生波状花纹。

（3）非驱动轮的轮胎只受制动力的影响，而不受驱动力的影响，因此往往会有前后端形式的磨损，如反复使用和放开制动器，便会使轮胎每次发生短距离滑动而磨损，前后端磨损的形式便与这种磨损相似。

（4）如果是驱动轮的轮胎，则驱动力所造成的磨损，会在制动力所造成的磨损的相反的方向上出现，所以驱动轮轮胎极少出现前后端磨损。大客车和大货车，由于制动时产生了大得多的摩擦力，故具有横向花纹的轮胎，便会出现与非驱动轮相似的前后端磨损。

6. 行驶沉重

（1）较低的充气压力会使轮胎与地面的接触面积太大，增加轮胎的行驶阻力。

（2）每种车型都有最适合其预计荷载和使用的推荐轮胎。使用刚度较强的轮胎，会导致行驶沉重。

7. 振动

振动可分为车身抖动、转向颤振和转向摆振。

（1）抖动的定义。指车身和转向盘的垂直振动或横向振动，同时伴随着座椅的振动。造成抖动的主要原因是车轮总成不平衡、车轮偏摆过量及轮胎刚度的均匀性不足。因此，排除这些故障，通常便可消除车身抖动。车速在 80km/h 以下时，一般不会感觉到抖动。高于这一车速时，抖动现象便会明显上升，然后在某一速度上达到极点。如果车速在 40~60 km/h 发生抖动，则一般是由于车轮总成偏摆过量或轮胎缺少均匀性所致。

抖动现象与洗衣机排水后的甩干程序所产生的振动相似。

（2）摆振。指转向盘沿其转动方向出现的振动。造成摆振的主要原因是车轮总成不平衡、偏摆过量或轮胎刚度均匀性不足。因此，排除这些故障，通常便可消除这种摆振。其他可能的原因

第五章 汽车常见故障的维护与维修

还有转向杆系故障、悬架系统间隙过大、车轮定位不当。

（3）颤振。颤振可分为两种：在相对低速下（20~60 km/h）持续出现的振动；只在高于 80 km/h 的一定车速时才会出现的振动。

8. 正常行驶时，车辆跑偏

具体原因如下。

（1）如左右轮胎的外径不相等，每一轮胎转动一圈的距离便不相同。为此，车辆往往会向左或右改变方向。

（2）如左右轮胎的充气压力不同，则各轮胎的滚动阻力也会不同，车辆因此往往向左或向右改变方向。

（3）如前束或后束过量，或左右外倾角或主销后倾角的差别太大，车辆也很可能向某一侧偏斜。

9. 转向沉重

引起转向沉重有以下几个原因。

（1）充气压力太低，会使胎面的接触面变宽，增加轮胎与路面之间的阻力，从而使转向迟缓。

（2）车轮定位调整不当，也会引起转向沉重。

（3）转向轴颈和转向系统出现故障，同样也会引起转向沉重。

（二）车轮常见故障诊断

车轮常见故障为轮毂轴承过松或过紧。

轮毂轴承过松，会造成车轮摆振及行驶不稳，严重时还能使车轮甩出。此时，可将车轮支起，通过用手横向摇晃车轮，即可诊断出车轮轴承是否松旷。一旦发现轴承松旷，必须立即修理。

轮毂轴承过紧，会造成汽车行驶跑偏。全部轮毂轴承过紧时，会使汽车滑行距离明显下降。轮毂轴承过紧会使汽车经过一段行驶后，轮毂处温度明显上升，有时甚至使润滑脂溶化而容易甩入制动鼓内。将车轮支起后，转动车轮明显感到沉重。

三、悬架系统的故障诊断

（一）非独立悬架系统常见故障

（1）钢板弹簧折断。钢板弹簧折断，尤其是第一片折断，会因弹力不足等原因，使车身歪斜。前钢板弹簧一侧第一片折断时，车身在横向平面内歪斜；后钢板弹簧一侧第一片折断时，车身在纵向平面内歪斜。

（2）钢板弹簧弹力过小或刚度不一致。当某一侧的钢板弹簧由于疲劳导致弹力下降，或者更换的钢板弹簧与原弹簧刚度不一致时，会使车身歪斜。

（3）钢板弹簧销、衬套和吊耳磨损过甚。此时，会造成以下故障现象：车身歪斜（不严重）、行驶跑偏、汽车行驶摆振、异响。

（4）U形螺栓松动或折断（或钢板弹簧第一片折断）。此时，会由于车辆移位歪斜，导致汽车跑偏。

（二）独立悬架系统常见故障

独立悬架系统主要由螺旋弹簧、上下摆臂、横向稳定杆及减振器等组成。系统铰接点多，独立悬架常见的故障有以下几项。

1. 故障现象

（1）异响，尤其在不平路面上转弯时。

（2）车身歪斜，汽车在转弯时车身过度倾斜等。

（3）前轮定位角改变。

（4）轮胎异常磨损。

（5）车辆摆振及行驶不稳。

2. 故障原因

（1）螺旋弹簧弹力不足。

第五章 汽车常见故障的维护与维修

（2）稳定杆变形。

（3）上下摆臂变形。

（4）各铰接点磨损、松动。

当汽车产生上述现象时，应对悬架系统进行仔细检查，即可发现故障部位及原因。

（三）减振器常见故障诊断

减振器常见的故障为衬套磨损和泄漏。衬套磨损后，因松旷易产生响声。减振器有轻微的泄漏是允许的，但泄漏过多，会使减振器失去减振作用而失效。

第四节 转向系统的故障诊断

一、机械式转向系统的故障分析与排除

（一）转向不灵敏，操纵不稳定

1. 故障现象

操纵转向盘时感觉松旷量很大，用较大的幅度转动转向盘才能控制汽车的行驶方向，汽车在直线行驶时感到行驶不稳定。

2. 故障分析

转向盘操纵松旷主要由转向系统磨损、松旷或安装调整不当，使各部间隙过大或松动所致，其主要原因如下：

（1）转向器与壳体的紧固螺栓松动。工作中在转向齿条运动反作用力的驱动下，转向器壳体相对于车身横向移动，前轮不能按转向盘的旋转方向及时偏转。

（2）转向齿轮与齿条的啮合间隙过大。转向盘通过转向柱使转向齿轮转动时，必须克服齿轮与齿条的间隙以后齿条才能移动，前轮才能偏转而实现转向。齿轮与齿条的间隙越大，所占用的转向盘的自由转角也越大，使转向操纵不灵敏。

(3) 转向传动机构各球铰关节磨损松动。左右转向横拉杆与转向支架的连接衬套、与转向臂连接的球形接头等严重磨损或安装不当，使其间隙过大，该间隙占用了较大的转向盘自由转角。

(4) 轮毂轴承间隙过大。汽车行驶中车轮相对于车身横向摆动，造成转向不灵敏，操纵不稳定。

(5) 前轮定位参数不准。前轮定位失准使其旋转平面偏离最佳位置，转向阻力增大。

3. 故障诊断与排除

采用分段检查法确定故障范围。首先检查转向器壳体在车身上的安装是否松动，并按规定力矩紧固。检查转向盘的自由行程，转向盘用于消除转向系统各传动件之间的间隙和克服机件弹性变形所空转过的角度称为转向盘的自由行程。一般规定转向盘在直线中间位置的自由行程不超过15°，若超过30°则必须进行调整。桑塔纳轿车转向盘边缘的自由行程量不能超过20 mm。如果自由行程过大，说明转向系统各传动件之间的间隙过大；若自由行程符合规定，故障原因可能是前轮毂轴承间隙过大、前轮定位参数失准等。一人原地转动方向盘，另一人观察转向齿条和转向支架的运动情况，当齿条和转向支架开始摆动时，转向盘的自由行程不大，则为转向传动机构松动，否则为转向器松旷。

(二) 转向沉重

1. 故障现象

汽车转向时，转动转向盘沉重费力，增加驾驶员的体力消耗。

2. 故障分析

由机械转向系统的构造和工作原理可知，转向沉重是由转向系统的运动阻力过大而造成的，主要是转向系统各部间隙过小、运动机件变形、缺油以及其他方面的原因，造成机件运动阻力增大及运动件卡滞等。

（1）转向器故障。齿轮轴的单列向心轴承或滚针轴承调整、安装过紧或损坏，使齿轮轴的旋转阻力过大而造成转向沉重；补偿弹簧弹力过大或转向齿条变形，齿轮、齿条的啮合间隙过小或运动卡滞；转向器缺油或无油而润滑不良；转向柱弯曲或转向柱管凹陷，使转向柱旋转卡滞。

（2）转向传动机构故障。转向横拉杆的球头销配合过紧或缺油，运动阻力过大；转向横拉杆、转向臂或悬架支柱等运动零件弯曲变形，发生运动干涉。

（3）行驶系统故障。轮胎气压过低，轮胎与地面的接触面积和摩擦阻力增大，前轮定位失准或前轮轴承过紧等，均使转向阻力增大而引起转向沉重。此时将伴有轮胎的不正常磨损。

3. 故障诊断与排除

先诊断出故障的大概范围，再做进一步诊断排除。用三角木固定后轮，支起前桥，转动方向盘，此时不存在前轮与路面的接触阻力。若转向轻便，说明故障在行驶系统，应检查轮胎气压是否过低、前轮定位是否失准、前轮轴承是否过紧。顶起前桥后仍感到转向沉重，可拆卸转向齿条与横拉杆连接件的紧固螺栓，若转向灵活，说明故障在转向传动机构，应检查转向横拉杆球头销是否装配过紧或缺油，横拉杆、转向臂或悬架支柱是否弯曲变形；若转向仍感沉重，说明故障在转向器，应检查转向器是否缺油或其内部有故障，需解体进行检查。

（1）检查轮胎气压、前轮轴承紧度和前轮定位参数。

（2）检修转向传动机构。当判断故障发生在转向传动机构时，应按图5-4所示拆卸转向传动机构，检查各球形铰接处是否安装过紧、磨损松旷或缺润滑油；横拉杆、连接支架、减振器支架或转向臂是否弯曲变形或断裂，如有应进行矫正或更换新件；调整螺栓的螺纹乱纹、滑丝和损坏时换新。

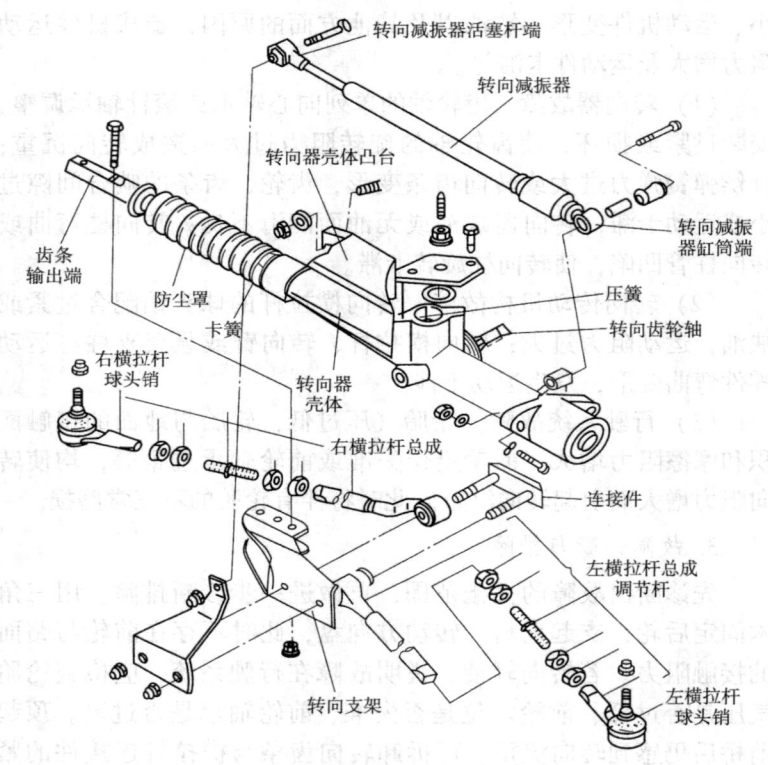

图 5-4 转向器与转向横拉杆

提示：在装配时应更换自锁螺母、防尘套和衬套；将球关节螺母紧到规定力矩后，若螺母上的锁槽与螺杆上的销孔未对准，只能将螺母向拧紧方向转动，而插入开口销，不允许旋松螺母装入开口销；安装转向传动机构后必须检查前轮定位和侧滑情况；汽车每行驶 15 000km 时，应检查、紧固横拉杆上的 4 个锁紧螺母，其紧固力矩为 45N·m。

（3）检修转向器。转向器外壳破裂或磨损严重应予更换；波形管破损应换新；各密封圈和密封环溢漏应更换；主动齿轮端头及衬套磨损严重，或与上面的球轴承不同心时应进行更换；检查转向齿条各部的磨损程度，若有变形或缺齿应更换齿条；转向减振器漏油应换新。转向器装配后，必须检查调整齿轮与齿条的配合间隙。调整时，将车辆处于直线行驶位置，松开锁紧螺母，转动调整螺栓至接触止推垫圈挡块为止，拧紧锁紧螺母时应用内六角扳手固定调整螺栓，以防转动。组装正确的转向器可直接用手转动主动齿轮轴。

提示：自锁螺母和螺栓一经拆卸必须更换，不得对转向器的零件进行焊接或整形处理。

（4）检修转向操纵机构。拆卸检查转向柱有无弯曲，安全联轴器有无磨损或损坏，弹簧是否失效，若有应进行修理或更换新件。安装时应更换所有自锁螺母和螺栓，转向支柱损坏时不准焊接修理。转向盘边缘的自由行程量不能超过 20 mm，若自由行程过大，说明各连接关节处松动或转向器的齿侧间隙偏大，应进行检查调整。

二、动力转向系统的故障分析与排除

动力转向系统的常见故障有转向盘自由行程过大、转向沉重、转向盘抖动和转向装置噪声等。

（一）动力转向装置噪声

1. 故障现象

转向时系统发出噪声。

2. 故障分析

动力转向系统的噪声可分为机械噪声和液压系统产生的噪声。产生噪声的主要原因如下。

（1）液压泵的 V 带过松。V 带过松时与带轮的摩擦力减小，工作中带颤动并相对于带轮打滑而发出"嘶嘶"声。

（2）储油罐内油面过低、油量不足，工作时满足不了油泵的吸油要求,将空气吸入而产生噪声。
(3)液压系统内有空气,空气在系统内胀缩而发出噪声。
(4)进油管或滤清器堵塞,油泵不能顺利吸油。
(5)油管接头松动或油管破裂。
(6)油泵损坏或磨损严重而产生机械噪声。
(7)流量控制阀黏结或卡滞。

3. 故障诊断与排除

首先检查储油罐的油面高度和液压泵V带是否过松打滑,必要时按规定加注液压油并调整V带的张紧度;查看油液中有无泡沫,若有泡沫应查找漏气之处并排除故障;检查滤清器、油管连接是否正常,必要时更换新件并按规定力矩拧紧油管接头;拆检液压泵,更换磨损的零部件;转向器发出严重"嘶嘶"声,则为液压控制阀工作不良,当转向盘处于极限位置或原地转动转向盘时噪声尤为明显,应更换控制阀。

(二)转向沉重或助力不足

1. 故障现象

正常使用时转向操纵轻便,突然感到转向沉重或转不动转向盘。

2. 故障分析

根据动力转向系统的结构与工作原理,液压系统造成转向沉重或助力不足的原因有以下几点。

(1)液压泵的V带松动。工作中V带打滑,液压泵的转速降低,泵油量和泵油压力减小,作用于工作缸活塞上的油压下降,液压助力作用减弱。

(2)储油罐油面过低。储油量不能满足液压泵的泵油要求,泵油量和泵油压力减小。

(3)液压系统内有空气。低于大气压力的管路密封不严或储油罐油面过低,将空气吸入系统内;溶解在油液中的空气流经低于饱和蒸汽压力的节流孔时会产生大量气泡。液压系统进入空气后，因为气体是可以压缩的，在液压泵的进油腔气体膨胀，使进油量减少；在压油腔一侧气体又被压缩，使泵油量和泵油压力减小，严重时产生气阻而不泵油。

（4）液压泵泵油压力不足。油压不足是导致转向沉重的一个重要原因。上述3种原因都将造成泵油压力不足，除此之外液压泵的叶片过度磨损、工作效率下降也将引起泵油压力不足。

（5）限压阀弹簧力过弱或黏结在开启位置。限压阀弹簧力弱，油压较低时即开启回油；限压阀关闭不严时，大量油液经限压阀回流到吸油口，使泵油量和泵油压力下降。

（6）液压系统内、外泄漏过大。内漏是指液压油由系统内部的高压区漏入低压区，外漏是指液压油由系统内部经管接头等处的密封部位漏到系统外部。内、外泄漏均使系统内的工作油压降低，造成转向沉重或助力不足。

3. 故障诊断与排除

（1）检查调整液压泵V带的张紧度。用大拇指在V带中部的下压量为10mm，则为紧度合适。V带的调整方法如下：松开液压泵支架上的后固定螺栓；松开张紧螺栓的螺母；转动张紧螺栓，使V带的紧度符合要求；调整以后拧紧张紧螺栓的螺母；拧紧液压泵支架上的固定螺栓。

（2）检查液压系统的密封性。启动发动机，将转向盘分别向左、向右转至极限位置，在瞬间将其固定，使转向系统产生额定压力。此时目测检查转向器、分配阀、液压泵、动力缸和各油管接头等处的密封性，若有渗漏，应更换密封件。

（3）检查储液罐内液压油的油质和油面高度并排除系统内的空气。当液压油的油质不符合要求时应进行更换。发现油中有泡沫可能是油路中有空气，应进行排气。检查油面高度：发动机怠速运转，反复将转向盘从一侧极限位置转到另一侧极限位置，使油温达到40~80℃；检查储油罐内的油面应在MAX标记处。油量不足时应按规定牌号补充液压油至 MAX 处。液压系统的排气：检查液面高度，必要时进行添加。

发动机怠速运转，反复使转向盘从左极限位置转到右极限位置，直至储油罐内无气泡和泡沫为止；若液面下降，应继续将液压油添加至规定的油面高度（MAX 处）。油质不符合规定时按下述方法更换液压油：顶起汽车前桥，将液压油从储油罐和回油管中排出；发动机怠速运转，一边排油，一边把转向盘转到极限位置，直到液压油排净为止；按规定添加液压油并排出系统内的空气。

（4）检测液压泵的泵送压力。将压力表装到连接阀体和弹性软管之间的压力管中；启动发动机；急速关闭压力表上的截止阀（不超过 5min），读出压力表指示值。泵送压力的额定值应为 6.8~8.2 MPa。若泵送压力达不到额定值，应检查限压阀和溢油阀是否完好，必要时更换限压阀和溢油阀或者叶轮泵；若油压表读数符合规定值，说明液压泵工作良好，故障在动力缸或分配阀。

（5）检修转向器。动力转向器的常见故障是漏油、齿轮齿条间隙过大（调整方法同机械转向器）等。转向器的检修要点如下：严重磨损或损坏的零件必须更换，修复转向器零件时不允许进行焊修或整形，经过拆卸的密封衬垫必须换新；转向器主动齿轮不密封，应更换阀体中的密封圈和中间盖板上的圆形绳环，更换阀体密封圈时，应使用专用工具将阀体装至限位块密封唇边；转向器罩壳中的齿轮齿条密封件不密封时，应拆开转向机构更换（如圆绳环、齿条密封罩等密封件）；油管接头漏油时，应查找原因重新修好。转向器装配后必须按规定加注 ATF 润滑油、排出系统中的空气，并进行密封性检验。加油时应更换滤清器，保持润滑油清洁。

下篇 汽车美容装饰

第六章 汽车车身外身的美容

如图 6-1 所示,汽车在使用过程中,车身表面不但要经受日晒、雨淋、石击及冰雪、严寒及酷暑等多变环境条件的影响,同时在行驶中经常会接触化学药品及酸、碱、盐等腐蚀性的物质。车身表面更容易被碰撞划伤。如果不及时清除这些污垢,不仅会影响汽车的外观,还会导致锈蚀与损伤。所以,汽车清洗对保持车容美观,延长车辆使用寿命有着重要作用。

图 6-1 汽车在泥泞的道路上行驶

第一节 汽车清洗的作用

一、保持汽车外观整洁

汽车的使用环境复杂,经常置身于飞扬的尘土中、雨雪天气中,有时还要在泥泞道路上行驶,汽车尾气排放、柏油路本身也会对汽车产生油污,因此,车身外表难免被泥水、油污所玷污,影响整体外观整洁。为使汽车外观保持清洁亮丽,必须对汽车进行清洗。

二、清除大气污染侵害

大气中有多种能对车身表面产生危害的污染物，其中酸雨的危害性最大，它附着在车身表面会使漆膜形成有色斑点，如不及时用专用清洗剂清除还会造成漆膜龟裂、老化。因此，车主应定期将汽车送到专业的汽车美容店进行清洁护理。

三、清除车身表面污渍

车身表面如黏附树胶、鸟粪、虫尸、焦油、沥青等顽渍，若不及时清除就会腐蚀漆层，给护理增加难度。因此，车主要经常检查车身，一旦发现黏附着以上腐蚀性的顽渍应尽快清除，如果已经腐蚀漆膜，必须到专业汽车美容店进行相应的专业处理。

第二节 汽车车身表面污垢分析

汽车车身表面的污染物主要是由尘土、泥水及油污等引起，污垢包括外部沉积物、附着物、水垢、锈蚀和润滑残留物。它们往往具有很高的附着力，牢固地附着在车身及汽车零部件的表面。由于这些污垢各有不同的性质，因此，清洗的难易程度也不同。

一、外部沉积物

外部沉积物，可以分为尘埃沉积物和油腻沉积物。大气中含有一定数量的尘埃，在运动着的车辆附近，当尘埃的颗粒度为 5~30mm 时，其含量就会达到 $0.05g/m^3$ 左右。当尘埃颗粒的含量增加时，它在金属表面的凝聚和沉积也就会加快。在潮湿的空气中，由于吸附在汽车表面的水膜会提高尘粒间的附着力，从而使尘粒加速凝聚。尘粒附着在汽车表面上的牢固程度主要取决于车身表面的清洁程度、尘粒的大小和空气的湿度。

油腻沉积物,是由于污泥和尘埃落到被机油污染的零件上而形成的。也可能相反,是由于润滑油落到了被污泥所污染的表面上,此时润滑油浸透了污泥并附着在车身表面。

二、附着物

汽车在行驶中,容易粘上不同的附着物,如柏油、沥青、鸟粪及虫尸等。这些附着物能牢固地粘在车身表面,一般很难用水清洗干净,要用有机溶剂清洗。而且,这些附着物在车漆表面停留时间过长,会侵蚀到油漆的内部,甚至会对车身的基材造成损害,所以对这些附着物一定要及时清除。

三、水垢

落到汽车表面的水滴中会有颜料、化学溶剂等,会损坏漆面,时间长了水分蒸干后,就会在车身上形成很难去掉的水垢。有些水垢甚至会浸透到油漆内,损伤车身钢板。若车身打蜡过度,或蜡的质量不好,熔化后也会形成难以去除的污垢。

四、锈蚀

汽车锈蚀主要发生在车身的钢铁部件上。在汽车底盘难以接触到的部位堆积含盐分、灰尘和湿气等的物质,因轻微意外或碎石碰撞而划破表面烤漆防护层,以致造成锈蚀。沿海地区空气中含有盐分,工业污染区的灰尘中含有化学物质,都会加速锈蚀,尤以温度刚高于冰点为最。若汽车某部位长期潮湿,尽管其他部分保持干燥,潮湿部位亦可能生锈。

五、润滑残留物

润滑残留物是汽车发动机、底盘最常见的污垢。在使用汽车时,润滑油经受急剧变化,发生"老化"、氧化和聚合。但要从长期工作于润滑油介质中的零件表面上清除润滑油残留物是比较困难的。

第三节　车表除垢机理

车表污垢按除垢机理可分为水溶性污垢与非水溶性污垢。水溶性污垢主要包括泥土、沙粒、灰尘等，这类污垢能溶于水中，因此很容易将其冲洗掉；非水溶性污垢，主要包括炭烟、矿物油、油脂、胶质物、铁锈、废气凝结物等，此类污垢不溶于水，一般应用有机清洗剂清洗。

非水溶性污垢的清洗剂应具备以下特性。

（1）表面活性。在汽车表面清洗过程中，清洗剂应能使固体污垢形成悬浮液，使液体污垢形成乳浊液，以便于将其从汽车表面上冲洗掉。

（2）分散性。具有使固体污垢的颗粒在水等介质中分散成细小质点或胶状液体的能力。

（3）湿润性。具有对污垢的湿润能力，即使固体污垢也容易被水浸湿，形成浓稠的泡沫，增加清洗效果。

清洗剂是由多种表面活性剂配制而成的，具有很强的分解能力，能有效地去除车表的油污，其独特的表面活性剂成分可去除车身携带的静电和防止交通膜的形成，性质温合不腐蚀汽车漆面，液体浓缩、泡沫丰富，使用方便经济，是洗车最基本的耗材。

第四节　汽车清洗剂

一、汽车清洗剂的功用

一是快速高效。由于清洗剂去污力强，采用清洗剂可大大提高清洗速度,并可将清洗与护理合二为一,减少了美容程序,提高了作业效率。

二是优质环保。用清洗剂不仅可干净彻底地清除各种污渍,而且对汽车表面具有保护作用。采用环保型清洗剂清洗汽车,可减少对环境的污染。

三是经济节能。1kg 清洗剂可代替 30kg 溶剂油,大大降低了汽车清洗的费用。用清洗剂替代溶剂油清除油垢,减少了汽油或柴油的消耗。

二、清洗剂的除垢机理

清洗剂除垢包括润湿、吸附、增溶、悬浮、去污 5 个过程。

(一) 润湿

当清洗剂与汽车表面上的污垢质点接触后,由于清洗剂溶液对污垢质点有很强的润湿力,使被清洗物的表面很容易被清洗溶液所润湿,并促进它们之间充分的接触。清洗溶液不仅能润湿污垢质点表面,而且能深入到污垢聚集体的细小空隙中,使污垢与被清洗表面结合力减弱、松动。

(二) 吸附

清洗剂中的电解质形成的无机离子吸附在污垢质点上,能改变对污垢质点的静电吸引力,并可防止污垢再沉积。清洗汽车外表面时,既有物理吸附(分子间相互吸引),又有化学吸附(类似化学键的力相互吸引)。

(三) 增溶

使污垢溶解在清洗剂溶液中。

(四) 悬浮

清洗剂中的表面活性物质能在污垢质点表面形成定向排列的分子层,进一步增加去污作用。从清洗剂的基本结构上看,在其分子内有两个部分:一部分是由长的碳氢链组成,它在油中溶解而在水中不溶解；另一部分是水溶性基因，它使整个分子在水中能够溶解而发生表面活性作用。这种分子又称极性分子，分子中油溶性部分称为亲油基或憎水基，水溶性部分称为亲水基或憎油基。表面活性物质分子与污垢质点接触后，其憎水的一端会吸附在污垢质点上，而亲水的一端与水结合在一起，这样吸附在污垢质点周围的很多定向排列的分子就起了桥梁作用，使污垢质点和周围的水溶液牢固地联结在一起，使憎水性污垢具有亲水性质，表面上的污垢脱落后，悬浮于清洗剂中。

（五）去污

最后通过高压水枪射流的冲击力将污垢冲掉。

汽车清洗正是通过这种润湿—吸附—增溶—悬浮—去污5个过程，不断循环，或综合起作用，将汽车表面上的污垢清除掉。

第五节　车表清洗工具

常用的清洁工具主要有海绵、毛巾、桶、洗车手套，如图6-2所示，另外，还有麂皮、车巾、喷水壶等常用工具。

图6-2　洗车套装（含毛巾、水桶、海绵、手套）

一、海绵

海绵具有柔软、弹性好、吸水性强和较好的藏土藏尘能力等特点，有利于保护漆面及提高作业效率。清洗汽车时能使沙粒或尘土很容易深藏于海绵的气孔之内，这样可以避免因擦洗工具过硬或不能包容泥沙而给车身表面造成划痕。使用前，让海绵吸入适量已经配好的洗车液，这样可利于清除车漆上附着力较强的污垢。

二、毛巾

毛巾是人工清洗和擦拭汽车不可缺少的工具。专业汽车美容场所需准备多块毛巾，包括大毛巾、小毛巾和湿毛巾、半湿毛巾、干毛巾等。大毛巾主要用于车身表面的手工清洗和擦拭；小毛巾主要用于擦洗车身凹槽、门边及内饰部件等处的污垢；湿毛巾、半湿毛巾和干毛巾在清洗、擦拭车窗玻璃时应结合使用。

三、洗车手套

用于擦拭车身，它既可戴在手上便于操作，同时又可利用手套上的绒毛容纳灰尘，可避免划伤漆面。

四、麂皮

麂皮（图6-3）具有质地柔软、韧性及耐磨性好和防静电等特点，同时吸水强，触感极佳，擦拭后不留棉絮及水痕，经久耐用，主要用于车身打蜡后抛光。

五、喷水壶

多为手压式喷水壶，如图6-4所示，通过调节喷头，可控制喷出水珠大小，柱状、雾状喷洒。主要用于车表精细清洗、内饰清洗、车膜装贴。

图 6-3　麂皮　　　　　图 6-4　喷水壶

六、附件

附件包括水桶、工作围裙、防水鞋、软胶管和涂料过滤漏斗等一些常用辅助件。

第六节　车表清洗设备

现代汽车清洁设备大多使用专用设备，其特点是效率高，质量好。常用的专用清洁设备主要有冷水高压清洗机、冷/热高压清洗机、洗车泡沫机、地毯甩干机等。

一、冷水高压清洗机

（一）基本结构

冷水高压清洗机主要由电动机、水泵、管路、喷枪等组成，如图 6-5 所示。电动机通过弹性联轴节直接心水泵。水泵由壳体、叶轮及进、出水口组成。水泵出水口经胶管与喷枪相连，喷枪由枪体、手柄、扳机及喷嘴等组成。

（二）工作特点

先将水泵进水口与水源接通，再接通电动机电源（220V、

固定式清洗机　　　　　喷枪　　　　　移动式清洗机

图 6-5　常见冷水高压清洗机及喷枪

380V），电动机带动水泵中叶轮旋转，将水泵出出水口，经胶管、喷枪、喷头射向汽车表面。最高压力为 7MPa，工作压力为 6MPa，流量为 10L/min。用此类移动型清洗机，清洗质量较好，设备投资少，但清洗时间长，耗水量大，属半机械化清洗。这种普通型冷水变压清洗剂多为南方中小规模的企业所采用。

（三）操作与使用

将清洗机的进水口一端接通水源，接好电源，按下电源开关，启动清洗机；通过旋转喷枪前的调节螺母（图 6-6 所示），可以调节出水流的形状，如图 6-7 所示。柱状水流或圆形喷嘴，水流冲击力强，可以除去汽车车身的干涸泥土；雾状或扇形喷嘴，水流覆盖面积大，除污效率高，适于除掉一般污垢。

（四）维护保养

（1）检查水泵曲轴箱内润滑油的油位、油的品质，如有异常，应及时添加或更换。

（2）每运转 200h 需要更换一次润滑油。

（3）清洗机长期不用应将剩水排尽，并存放于干燥处。

（4）定期检查皮带完好情况及张紧度，皮带过松要及时调整或更换。

二、高压冷/热两用清洗机

高压冷/热清洗机又称高温高压清洗机。由于中国地域辽

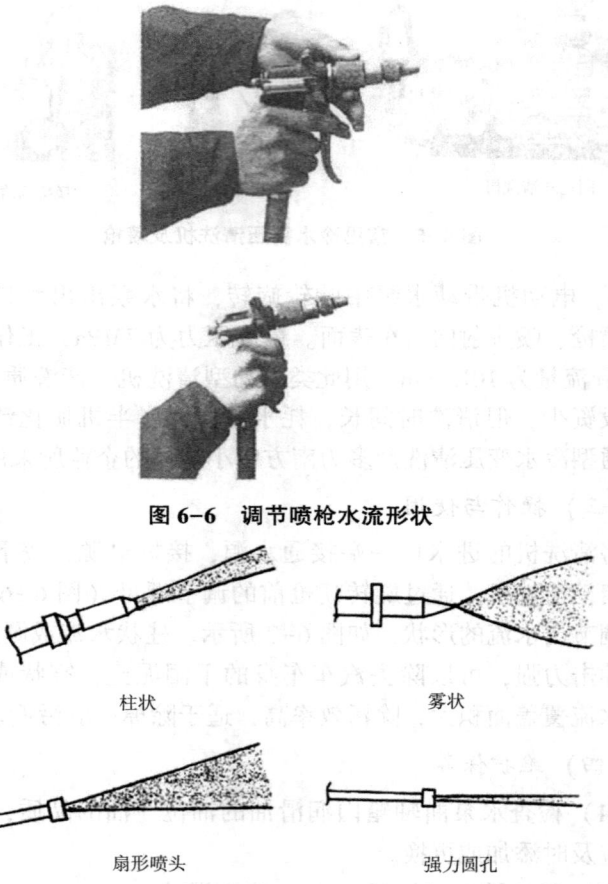

图 6-6 调节喷枪水流形状

柱状　　　　　　雾状

扇形喷头　　　　强力圆孔

图 6-7 水流形状

阀，北方洗车必须使用高温高压清洗机才能满足一年四季洗车要求。高压冷/热清洗机出水压力高，温度高，清洗效果好，但结构复杂，维修不便，配件价格高，保养维护要求高。

　　高压冷/热两用清洗机的结构如图 6-8 所示。高压冷/热两用清洗机较冷型清洗机增加了电加热装置，还配套了洗漆剂供给、防腐剂供给等装置，并备有控制保护系统，同时还装备了获得各种不同形式液流的全套喷嘴。这些装置可完成冷水或热水、加洗涤剂或不加洗涤剂、低压或高压等各种不同需要的清洗作业。

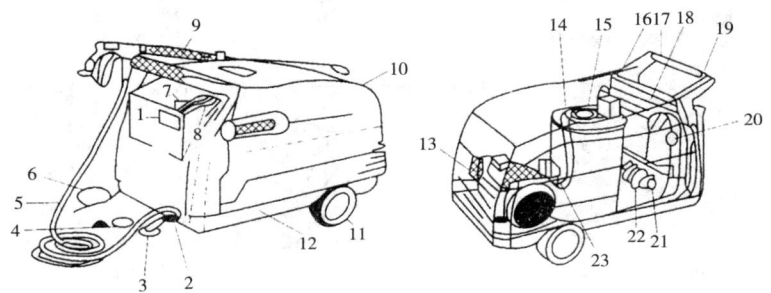

1. 商标　2. 进水口　3. 后轮　4. 清洗剂吸嘴　5. 高压水管　6. 电源线　7. 温控开关　8. 电源开关　9. 高压水枪　10. 护罩　11. 前轮　12. 底盘　13. 电机、高压泵总成　14. 加热器　15. 喷油嘴、点火电极总成　16. 烟囱　17. 车扶手　18. 油箱　19. 枪托　20. 燃油滤清器　21. 油泵　22. 风机　23. 高压点火线圈

图6-8　高压冷/热两用清洗机结构

三、洗车泡沫机

洗车泡沫机如图6-9所示。将洗车液和水按比例[1：(100~150)]加入洗车泡沫机中，利用压缩空气将混合液以泡沫形式吹出，均匀地喷洒到车身上。混合液泡沫能充分溶解车身污物，增强清洗效果。技术参数一般为：罐体容量80L，工作压力2.5~4kPa、安全阀4kPa，容积80L。

（一）使用方法

打开加水阀和排气阀，加入清水，以水柱标高为准，然后按比例加入清洗剂；再将开水阀和排气阀关好，然后用快速接头接上空气压缩机；打开压缩开关，等压力升至0.25~0.40MPa

洗车泡沫机外观　　　　　　洗车泡沫机顶部

图 6-9　洗车泡沫机

时，打开喷枪阀，并微调调压阀，调至最佳发泡效果。

（二）维护保养

定期检查容器安全阀及排水是否有渗漏现象；经常检查接头密封圈是否老化、变形；保持设备的清洁，每次用完后将剩下的清洗溶剂倒出，清洗干净。

第七章 汽车车身漆面的专业处理

封釉的成分主要也是石油,所谓封釉,就是通过专用的振抛机把釉压入车漆内部、形成网状的牢固保护层。由于釉富含UV紫外线吸收剂,可以和空气隔绝,因此,具有隔紫外线、防氧化、抵御高温和酸雨的功能。

第一节 汽车漆面封釉

釉是一种从石油副产品中提炼出来的具有强抗氧化功能的高级液蜡,其特点是防酸、抗腐、耐高温、耐磨、耐水洗、高光泽度等。

汽车漆面护理中的封釉是指运用专用的振抛机将一种高分子结构的涂装剂压进车漆内部,使其形成一层坚固的网状结构,罩在漆面。首先,它与空气隔绝,不被氧化;其次,内含紫外线反射剂使车漆不再被辐射而褪色;最后,釉中的静电吸收剂,排除静电,不易吸收灰尘,便于清理。

第二节 封釉的作用

封釉有以下作用。

一是抵抗紫外线。汽车的车漆犹如人的皮肤般娇嫩,如果长时间在太阳底下暴晒,很容易影响车漆的颜色。如果本身车漆不好,还可能会导致局部脱离。

二是防腐蚀。可以有效地抵抗酸雨、化学制剂、树胶等对车漆的伤害。

三是抗氧化。可以延缓车漆在大气下的氧化时间。

四是抗划痕。好的釉可以成为车漆的保护衣，可以阻挡外界对于车漆的损伤。如用掸子掸车身的土，洗车形成的轻微划痕。

五是防静电。

六是上光。

七是抗高温。

第三节　封釉与打蜡的区别

封釉与打蜡有以下区别。

一是晶体釉不溶于水，可以弥补汽车打蜡后怕水的缺陷，长期保护汽车漆面。

二是封釉不损坏原有的车漆，封釉采用的是一种类似纳米的技术使流动的釉体在汽车漆面表层附着，并以透明状硬化，相当于给汽车漆面穿上一层透明坚硬的保护衣，因此，可以起到保护漆面的作用。

三是封釉保护时间长。封釉可以保持一年以上，同时避免了经常洗车的烦恼，汽车表面的灰尘可以轻松擦去。

第四节　汽车漆面封釉工艺流程

特别说明：本节内容针对作业车辆的前提是车况良好的新车或者经过抛光处理之后的漆面。如果是旧车作业，则要先进行漆面抛光操作。

实训工具及材料如图7-1所示。

第七章　汽车车身漆面的专业处理

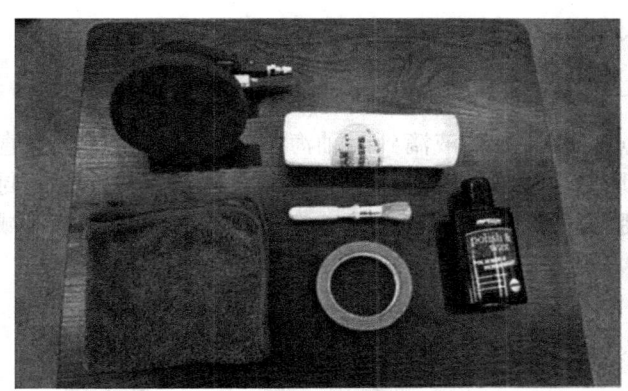

图 7-1　品牌车釉（卡瓦科斯）、气动封釉机、抛光毛巾、小毛刷、美纹纸、遮蔽膜

一、车身遮蔽

要点：使用遮蔽膜与美纹纸遮蔽。遮蔽主要部位为非抛光部位漆面覆盖部件，如前、后风窗玻璃、门拉手等（图 7-2）。

图 7-2　遮蔽非抛光部位

· 85 ·

二、漆面封釉

(一) 封釉的基本手法及顺序

要点：将适量釉液滴到封釉海绵上，再将封釉机垂直放在漆面上均匀涂开，启动封釉机在漆面上进行直线往复的封釉操作，釉膜要做到薄厚均匀，每道涂布相应与上道涂布区域要有至少1/2的重叠（图7-3）。

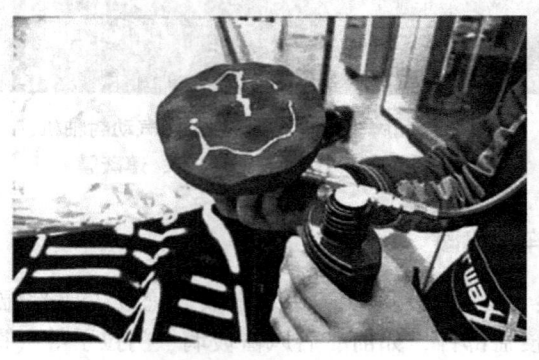

漆面封釉的顺序为左前机盖→右前机盖→右前翼子板→右前车顶→右前车门→右后车顶→右后车门→右后翼子板→后机盖→后保险杠→左后翼子板→左后车顶→左后门→左前车顶→左前门→左前翼子板→前保险杠

图7-3 漆面封釉

(二) 前机盖封釉

要点：前机盖封釉时，注意蜡尽量别封到前机盖与左、右前翼子板的缝隙里（图7-4）。

(三) 翼子板封釉

要点：翼子板封釉时，注意蜡尽量别封到翼子板与前后车门、前后机盖的缝隙里（图7-5）。

第七章 汽车车身漆面的专业处理

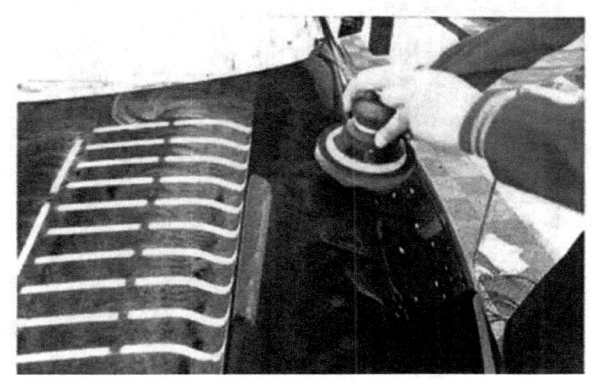

图 7-4 前机盖封釉

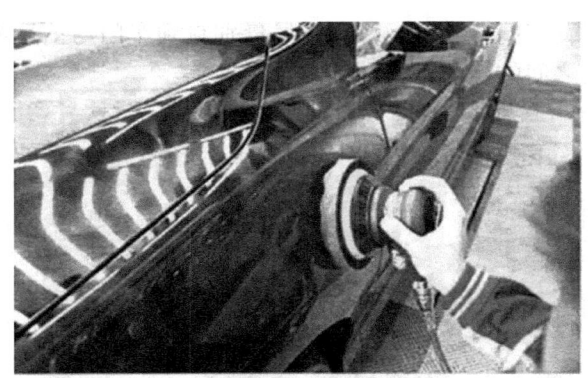

图 7-5 翼子板封釉

(四) 车顶封釉

要点：车顶封釉时，注意蜡尽量别封到车顶与前、后风窗玻璃的缝隙里以及天窗的塑料件上（图 7-6）。

· 87 ·

图 7-6 车顶封釉

（五）车门封釉

要点：车门封釉时，注意蜡尽量别封到车门与前后翼子板、前后车门之间的缝隙里（图 7-7）。

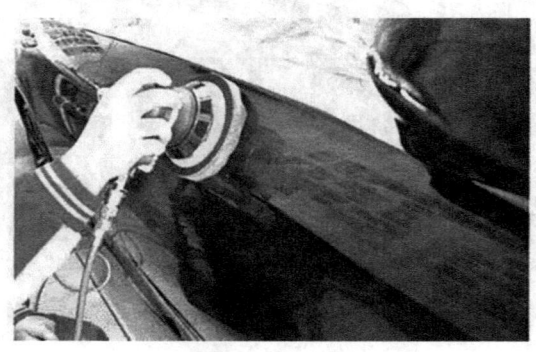

图 7-7 车门封釉

（六）后机盖封釉

要点：后机盖封釉时，注意蜡尽量别封到后机盖与左、右后翼子板的缝隙里（图 7-8）。

图 7-8　后机盖封釉

（七）保险杠封釉

要点：前、后保险杠封釉时，注意蜡尽量别封到前、后保险杠与前、后机盖以及前、后两边翼子板的缝隙里（图 7-9）。

图 7-9　保险杠封釉

三、手工抛光

要点：漆面封釉完成之后 5~10min 开始抛光。手工抛光的顺序同漆面封釉的顺序,要求将漆面完全擦亮,无釉膜残留(图7-10)。

图7-10　手工抛光

第八章　汽车室内美容装饰

第一节　室内清洁护理

一、车室内美容的作用

(一) 美化车室环境

车室环境对驾乘人员会产生重要的生理及心理影响。通过对车室内除尘、内饰清洁使车室空间保持空气清新和干净整洁，给驾乘人员营造一个温馨、美观的环境。

(二) 净化车室空气

车室内清洁后，仍有许多看不见的有害细菌无法彻底清除。据统计，在人体呼出的气体中，至少存在 25 种有害物质，例如二甲胺、酸类、苯类、四氯乙烯以及各种细菌。加上人体排泄出的汗液，鞋、袜、衣服等散发出的不同气味，人在谈话、咳嗽和打喷嚏喷射出来的唾沫，都不同程度上加重了车内空气的污染。人们所熟悉的"新车味道"中也充满了塑料、泡沫、胶黏剂及地毯散发出来的挥发性有机化合物及其他污染物，其危害也极大。因为车内空间狭小，有害气体不易挥发，司机若长时间在这种污浊环境中驾驶，极易引起不适，甚至导致交通事故的发生。

(三) 延长饰件使用寿命

对内饰进行杀菌、除臭，可以有效地防止各种污物对内饰如地毯、真皮座椅、纤维织物等的腐蚀；使用专门的保护品，对塑料件、真皮及纤维品进行清洁、上光保护，可延长内饰件的使用寿命。

二、车内污垢的种类与演变

（一）车内污垢的种类

（1）水溶性污垢：糖浆，果汁中的有机酸、盐，黏附性的液体等。

（2）非水溶性固体污垢：泥、沙、金属粉末、铁锈、霉菌、虱虫等。

（3）油脂性污垢：润滑油、漆类产品，油彩、沥青、食物油等。

（二）车内污垢的演变

车内污垢的演变分为3个阶段：

（1）黏附：污垢会在重力作用下停落或黏附在物件的表面。当有压力或摩擦力产生时，污垢也会渗透物件的表层，变得难以去除，如汽车玻璃及表台上的灰尘。

（2）渗透：饮料或污水会渗透物件的表层，被物件所吸收，以致很难清除。如车门内饰板、后挡台、脚垫上的饮料或血渍。

（3）凝结：黏性污垢变干凝固后，会紧紧粘贴在物件表面，如汽车内饰丝线脚垫或地毯表面的轻油类污垢。

（三）去除污垢的原理

要想有效地清洗污渍需要4个方面相互配合，方能发挥最佳的清洁效能。

（1）高温蒸汽：高温蒸汽可使极难去除的污垢在清洗之前得到软化，为手工清洁内饰部件上的污渍做好准备。

（2）水：用水可去除水溶性污垢，但不能去除油脂性污垢，并难以清洁内饰部件上的非亲水性污垢。

(3) 清洁剂：对于不同内饰材质有针对性的专业清洁剂，能高效去除内饰污垢，如化纤清洁剂、皮革清洁剂、塑胶清洁剂。

(4) 作用力：动力清洗内饰部件时，拍打、刷洗、挤压等皆有助于去除污垢。

三、汽车内饰材料

轿车内饰件材料繁多，常见的有金属、木材、皮革、橡胶、纤维纺织品和PP（聚丙烯）材料等。近年来PP材料（工程热塑材料）因具有韧性好、强度大、隔热好、质地轻、耐腐蚀、富有弹性和手感好、成本低且可以循环回收再利用等特点，因此在内饰中得到广泛应用。常用内饰材料有皮革、橡胶、纤维、合金材料、木质和仿木质材料等。

（一）皮革材料

目前，市场上流行的皮革制品有真皮和人造皮革两大类。人造皮革中合成革和人造革是由纺织布做底基或无纺布做底基，分别用聚氨酯涂覆并采用特殊发泡处理制成的，有的表面手感酷似真皮，但透气性、耐磨性和耐寒性都不如真皮。

（二）橡塑材料

橡塑是橡胶和塑料的统称，它们最本质的区别在于塑料发生的是塑性变形，而橡胶是弹性变形。换句话说，塑料变形后不容易恢复原状态，而橡胶相对来说就容易得多。塑料的弹性是很小的，通常小于100%，而橡胶可以达到100%甚至更多。塑料在成型上绝大多数成型过程完毕，产品过程也就完毕；而橡胶成型过程完毕后还需要硫化过程。

（三）纤维材料

纤维材料有天然纤维和化学纤维两种。天然纤维是指由棉、麻和毛为原料加工制成的成品材料。天然纤维材料的特性是安全环保、舒适性高，但是容易脏污，保养护理比较麻烦。化学纤维是用天然或人工合成的高分子物质为原料，经过化学或物理方法加工而得的制品的统称。因所用高分子化合物来源不同，可分为人造纤维和合成纤维。在汽车内饰中纤维材料也大量使用，如顶篷、地板和座椅等都是使用纤维材料较多的地方。

（四）合金材料

合金是由金属与另一种（或几种）金属或非金属所组成的具有金属通性的物质。一般通过熔合成均匀液体和凝固而得。根据组成元素的数目，可分为二元合金、三元合金和多元合金。

在汽车装饰部件上使用的合金，绝大多数都是镀到基材上去的，主要是为了增加其抗磨性、美观性，并满足车主不同的要求。

（五）木质和仿木质材料

木质或者仿木质材料也是轿车内饰的主要材料之一，镶嵌在仪表板、中控板（副仪表板）、变速杆头、门扶手、转向盘等地方。

桃木或仿桃木材料具有美观、高雅、豪华等特点，其独有的花纹图案可获得特殊的装饰效果。因此，一些中高档轿车用胡桃木做内饰材料，配上真皮面料座椅、丝绒内饰面料等，相辅相成，尽显一种优雅与华贵的气氛。中低档轿车在车内配置仿桃木材料，也可提高其档次。

四、内饰美容设备

车内美容所用到的主要设备有吸尘器、蒸汽清洗机、脱水机及洗衣机等，下面介绍常用设备的性能特点与使用方法。

（一）吸尘器

车内室虽然空间小，但结构复杂，不便于清洁，车内经常积聚大量的灰尘，特别是座椅上的皱褶和一些角落部位的灰尘极难清除。吸尘器能较好解决这一难题，它是一种能将尘埃、

第八章 汽车室内美容装饰

脏物及碎屑吸集起来的电器设备,可方便地将内壁、地毯、座椅及缝隙中的浮尘和脏物吸除干净,且不会使浮尘飞扬。

(1) 吸尘器的种类。常见的吸尘器主要有便携型、家用型和专业型3种。

专业型吸尘器,也称吸尘/吸水机(图8-1),它吸尘效果最好,使用较多,具有较好的防水性,而且集吸尘、吸水、风干于一体,并配有适于车内室结构的专用吸嘴,操作简单,吸力大,可与高温蒸汽机配套使用。

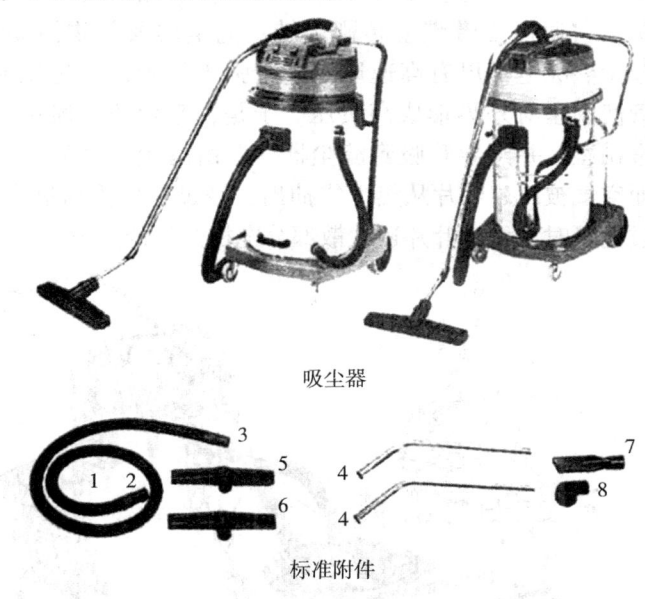

吸尘器

标准附件

1. 软管 2. 短接头 3. 长接头 4. 钢管
5. 吸尘扒 6. 吸水扒 7. 长扁嘴 8. 圆毛刷

图8-1 专业型吸尘器

家用型吸尘器虽然吸力不小,但防水性差,如果将吸尘器置于操作间,难免在洗车时将水溅入吸尘器内,容易出现内部短路现象,甚至烧毁。

便携型吸尘器则是供车主随车携带的,它使用汽车上的电源(利用点烟器插座),体积小,携带方便,但不适合专业护理店使用。

(2)吸尘器的工作原理。吸尘器是利用电动机的高速转动,带动风叶旋转,使吸尘器内部产生局部真空,形成空气吸力,将灰尘、脏物吸入,并经过吸尘器内部的过滤装置,然后将过滤过的清洁空气排出去,达到吸尘的目的。

图8-2是吸尘器实物及工作原理图。吸尘器的刷座里有一个电机,它通过皮带带动转刷旋转,把尘埃及脏物搅动起来,称为起尘。吸尘桶里有高速风扇进行强力抽吸,通过软导管和硬导管使刷座对外界形成高负压。于是,起尘的尘埃和脏物便被吸进刷座,并经导管吸到滤尘器中,由滤尘器里的集尘袋收集,而空气被风扇叶片从集尘袋抽出,经过电机重新进入室内。在经过电机时,风扇叶片还吹散部分电机产生的热量。

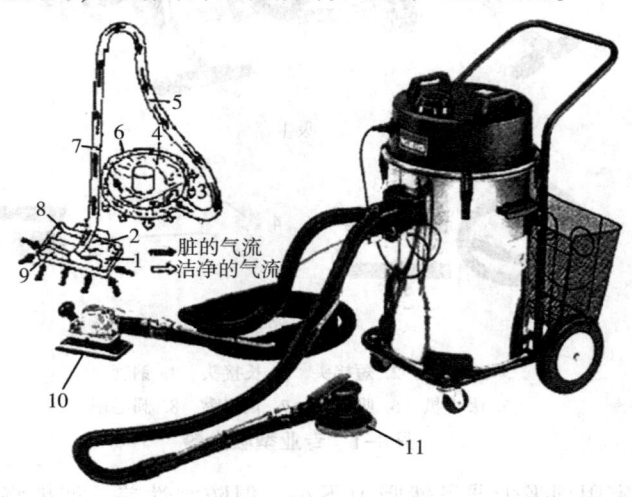

1. 皮带 2. 电机 3. 吸尘桶 4. 风扇 5. 软导管 6. 滤尘器
7. 硬导管 8. 刷座 9. 转刷 10. 研磨面 11. 抛光机

图8-2 吸尘器实物及工作原理

(3) 吸尘器的使用。使用前，应先将使用说明书仔细看一遍，然后对照说明书检查一下各种附件是否齐全，再按说明书中讲述的步骤和方法将吸尘器各部分安装好。启动前先核对一下电源的电压和频率，当确认相符后，即可接通电源试用。试用中不应有噪声，试用 10min 左右电机没有过热现象，方可投入正常使用。每次用完以后，先断开电源，然后将集尘袋中的灰尘清除干净，最后将各附件拆开并清理干净收好。使用中应注意以下事项。

①每次使用后，要将集尘袋清理干净。②有灰尘指示器的吸尘器，不能在满刻度工作，若发现指示器接近满刻度，要停机消除灰尘。③不要用吸尘器吸集金属碎片，以防电机损坏。④吸尘器在清理尘埃时，不要将手放在吸口附近，以免发生危险。⑤吸尘器包线的绝缘保护层要保护好，以免发生触电事故。

(4) 吸尘器的维护。

①使用后，应将吸尘器及其附件用湿布擦拭干净，然后晾干收好。②清除灰尘后的集尘袋可用微温水洗涤干净晾干。③吸尘器的刷子上黏附的毛发、线头要及时清除掉；刷子磨损偏大要及时更换新品。④紧固件如有松动，要立即紧固好。⑤电机和电刷如有故障，要及时维修。

(二) 专用脱水机

专用脱水机也称地毯脱水机或地毯甩干机。汽车内的座椅椅套、可拆式地毯和脚垫等织物容易弄脏，每隔较长一段时间使用后应取下用水或清洗剂清洗，彻底去除灰尘、污渍和杀灭滋生细菌。由于这些织物体积大，质量大，水洗后用普通脱水机难以脱水。目前市场主要采用大功率滚筒式地毯甩干机，具有容积大、机械传动平稳的特点。

专用脱水机主要由滚筒、外罩、支座、传动系统和控制板等构成，如图 8-3 所示。滚筒 5 的两端由轴固定在支座上，与支座是动配合，可由传动系统 1 带动转动。滚筒的圆周面上有排列整齐的排水小孔。放取脱水地毯时，可打开滚筒盖门3，放好后关闭好盖门，再放好外罩4，才能启动脱水机工作。外罩4由上下两部分组成，下部固定在支座上，上部分是活动的，用铰链连接固定在下部外罩上。盖好外罩后，成为密闭的整体。滚筒转动时，靠离心力使从地毯脱出的水从小孔中排到外罩，经排水管7排到下水道或回水池中。排水管7用透明塑料软管制作，可方便地看到地毯脱水是否脱尽。当脱水完成后，按动操作控制板2上的停止转动按钮，即可停机。停机妥当后，先打开外罩，再打开滚筒盖门，取出地毯，然后再关上滚筒盖门，盖上外罩。至此，便完成了地毯在脱水机中的脱水任务。

脱水机虽以地毯清洗和脱水为主，但其他清洗物品，如座套、车垫、工作服、美容装饰中心职工用的衣被、毛毯等，在清洗后，也可用它脱水处理，效率很高。

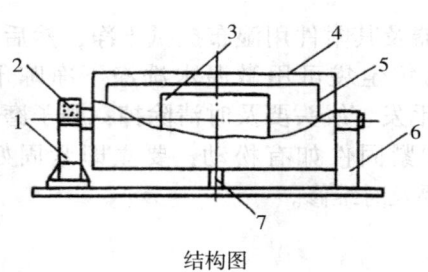 

结构图　　　　　　　　　　实物图

1. 传动装置　2. 操作控制板　3. 滚筒盖门
4. 外罩　5. 滚筒　6. 支座　7. 排水管

图 8-3　专用脱水机结构及实物

（三）高效多功能洗衣机

高效多功能洗衣机用于清洗汽车内的座椅套、头枕套等织物。这些织物极易弄脏，使用一段时间后都要清洗，而座椅套、头枕套等织物的拆卸不是一般车主能做的。在做汽车美容的同时，要清洗织物。为了节约车主时间，洗衣机必须集清洗、烘干和免烫三合一。因此，专业的汽车美容店应配备一台高效多功能洗衣机。

第二节　车内护板的装饰

一、车门衬板的特点

（1）车门衬板的结构比较复杂，尤其是轿车的正、副驾驶员门的衬板形状更复杂，切面形状尺寸变化大，有的是整体式，有的是组合式，有的还装有杂物袋，供驾驶员放置常用的物品。

（2）车门衬板主要采用复合材料批量生产，这样既可保证内饰件的质量要求，又可保证其在生产线上顺利组装。

（3）车门衬板不能用简单的设备和方法生产，所以当内护板损坏之后，一般都是更换原配套厂家的同类零件。

（4）更换新衬板。当原车门衬板已经损伤，又不易修复时，应采用同车型的新车门衬板进行更换。在更换时要注意新衬板是否是同规格的，否则就装不上。

（5）美容护理。当车门衬板整体完好，只是有尘污或稍有褪色现象时，可采取清洁美容护理的方法，使衬板达到焕然一新的效果，成本也较低。

（6）粘贴法装饰。当车门衬板基本完好，只是衬板表皮层表面稍有划伤或剐裂，车主又不愿意更换新的衬板时，可采用粘贴法进行装饰（图8-4）。

二、汽车侧围衬板粘贴装饰作业流程

1. 拆除原衬板的装饰件及功能件

拆除原内护面上的装饰件和功能件，并清洗干净、保存好，以备装饰后复位安装。

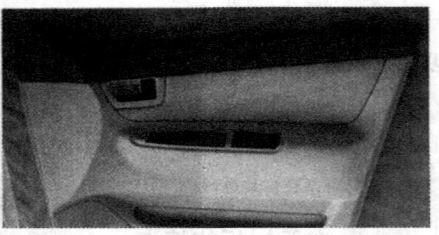

图 8-4　两种不同车型内衬板

2. 拆除旧的人造革衬板

用热风枪对内护面加热，使原黏胶软化，用尖嘴钳把人造革边缘拉出，继续边加热边拉起人造革，直至把旧的人造革全部拉掉。

3. 裁剪

参照原内护面的人造革形状尺寸，剪裁出新的人造革片材，按需要进行缝制成整块，留出一定的装饰余量，以备粘贴使用。

4. 粘贴

用 GH-20 通用胶黏剂，按胶黏剂的使用方法，把新的聚乙烯人造革粘贴到内护板上，要求平整、光滑、无皱纹和气泡。

5. 复原

将拆下的原装饰件，按拆下时的反向工序安装好。

6. 清洁验收

对安装好的新内护面表皮进行清洁护理，即可使改装后的内护面光亮一新。

三、汽车门内护板

汽车车身内饰件大体可分为仪表板和副仪表板、地板护面、侧围护面、车门内饰、顶棚、后围护面、行李箱护面、座椅总成等几大部分。门内护板则是车门内饰的主要结构件，主要有以下几大功能。

它的立体艺术造型提高了汽车室内造型效果，给人以美感。使车门开关方便、支承肘腕、隔音、吸音、防尘、防水。

采用触感好的非金属材料，提高乘坐舒适性，车辆冲撞时能吸收大量的碰撞能量，有效保护驾驶员和乘员的安全。

结合其立体造型，还可设置杂物斗，为烟灰盒、门锁内手开手柄等功能部件提供固定条件。

四、车门内饰板简介

1. 分类

车门内饰板的分类，按不同标准有不同的分类方法，按其自身结构、功能、适用的车型、档次等因素综合起来可分为：简单经济型、普通型、中高档型。

2. 结构

简单经济型。这类门内饰板的特点是结构简单，造型简洁，基本上是呈平面型，材料价格与制造工艺成本低廉，主要用于货车、客车、吉普车等车型。由芯材、衬垫、蒙皮三部分构成，根据整车的具体配置要求，有芯材、芯材上加蒙皮或芯材与蒙皮之间夹一层衬垫等，组合使用（图8-5）。

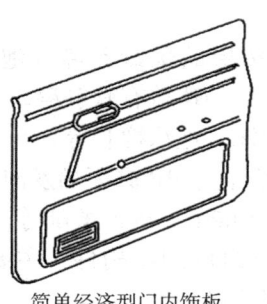
简单经济型门内饰板

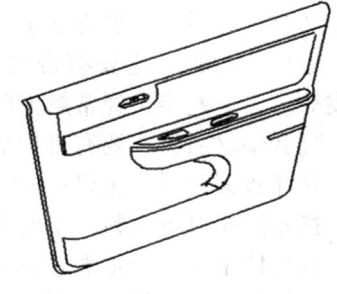
中高档型门内饰板

图8-5　普通型门内饰板

芯材的材料：主要有纤维板、硬纸板、胶合板、塑料板、压延钢板等。

衬垫的材料：主要有聚氯乙烯无纺布、氯乙烯泡沫等。

蒙皮的材料：主要有聚氯乙烯革。

普通型。这类门内饰板的特点：结构比较复杂，造型比较注重人体工程因素，选材比较讲究，加工设备比较复杂，总体上比较美观，主要用于普通型、中低档轿车。

其结构主要由芯材、蒙皮、局部衬垫和装饰条等构成，这类车门内饰板有时下部还设有防护板，以提高饰板使用寿命和方便清洁。

芯材的材料：主要有注塑件、聚丙烯加填充料板材等。

蒙皮的材料：主要有织物、聚氯乙烯针泡革。

衬垫的材料：主要有海绵、较厚的聚氯乙烯无纺布，半硬质聚氨酯主要用于搁手部位。饰条的材料：主要有聚氯乙烯、ABS、热融薄膜构成的复合材料。

中高档型。这类车门内饰板的特点：结构复杂，造型与配置上充分考虑到舒适、安全、人体工程等因素，功能齐全，选材讲究，加工设备与制造工艺复杂，总体上美观中显豪华。

其结构主要由芯材、蒙皮、软化件单体、隔音垫、防撞吸振块、指示照明灯等构成。

芯材的材料：主要有注塑件等。

蒙皮的材料：主要有带有较厚泡沫层的聚氯乙烯针泡革、真皮等。在一些乘员经常触摸的部位一般均覆盖有软触漆。

隔音垫材料：主要有再生棉毡、泡沫、泡沫橡胶等。

防撞吸振材料：主要有PU聚氨酯发泡、PP聚丙烯发泡。

指示照明灯罩材料：主要有PC聚碳酸酯、丙乙酸酯等。

软化体单件：由芯材、衬垫和蒙皮组成的小构件，主要置于门内饰板相对乘员人体手臂与肩等部位接触处。

五、决定车门内饰技术状态的因素

（1）车辆的类型与档次及所满足的功能。

（2）与乘员人体工程学相关的安全性、舒适性、操作性。

如尽量减少车内宽度、搁手作用、软化要求及门锁内扳手、玻璃升降机摇手柄、车门内拉手等操作的方便性。

（3）能承受必要的最低限度的外力和重力。

（4）有良好的工艺性、生产率、拆装方便，以便维修。

（5）总体上与车厢内饰及整车外部协调。

（6）在选材上应考虑到：重量小、便于加工，具有高频加热性能；安全性、外形美观、手感好；隔音、防水、阻燃、隔热等性能。

第三节 仪表板的装饰

一、汽车仪表板的性能要求

（1）低成本。

（2）高安全性。

（3）良好的耐热性能。

（4）降低噪声。

（5）装饰效果好。

（6）质量轻。

二、汽车仪表板的结构类型

汽车仪表板的结构和用材多种多样，但基本上可以分为硬质和软质仪表板两大类。

硬质仪表板一般是由塑胶材料整体注塑而成。这种仪表板结构简单、成本低，本体部分为同一种材料构成，多用于载重汽车及客车，一般不需要表皮材料（图 8-6）。

图 8-6　硬质仪表板

软质仪表板由表层、缓冲层和骨架三部分使用多种材料构成，外表面全部或者上部经过软化处理，触感舒适。常用材料有 PU、PP、ABS/PVC 合金等，多用于轿车（图 8-7）。

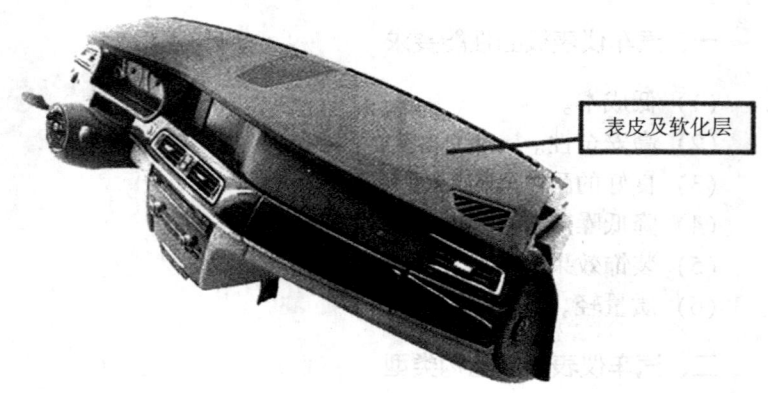

图 8-7　软质仪表板

此外，还有钢板冲压成型再焊接，涂装制造的钢质仪表板；钢质仪表板外层包覆人造革后制成的半软化仪表板；木质仪表板等。

三、汽车仪表板的装饰方法

（1）用真皮对仪表板进行装饰。

（2）用桃木装饰仪表板。桃木材质细腻，软硬适当，花纹清晰美观。另外，同等手感的还有橡木。一般是用桃木来装饰仪表板可以凸显回归自然的特色，降低车内乘客的疲惫感。

四、汽车仪表板的发展趋势

集中化、数字化、简单化、组合化。

五、轿车仪表板组成

仪表板总成似一扇窗户，随时反映出车子内部机器的运行状态，同时它又是部分设备的控制中心和被装饰的对象，是轿车车厢内最引人注目的部件。可以这样说，仪表板总成既有技术的功能又有艺术的功能，它反映出各国轿车制作工艺和风格上的差异，是整车的代表作之一。

六、仪表板的装饰

仪表板的装饰见图 8-8 所示。

1. 用电热吹风加热，拆下原来仪表板表皮

温度不要太高，不要只对一面加热。

2. 缝制仪表板真皮

一次缝好，否则有针孔。

3. 粘贴仪表板表皮

确保仪表板的各个部位被彻底粘牢。

4. 安装仪表板

要求空隙对准。

注意事项：

 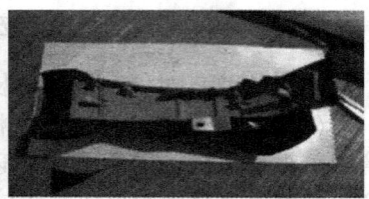

准备工作　　　　　　　　　　拆下仪表板

缝制仪表板表皮　　　　　　　　烫平

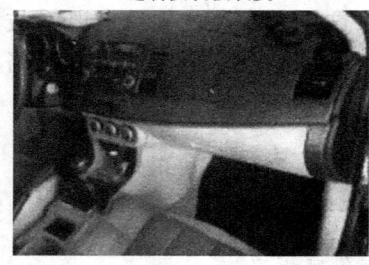 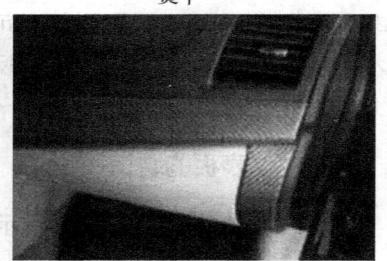

安装仪表板　　　　　　　　　安装中控台

图 8-8　仪表板的装饰

（1）结合车型选择装饰风格。
（2）结合车内其他装饰件进行装饰，避免不协调。
（3）应根据车型具备的功能选择仪表板。
（4）选用合适的胶黏剂。
（5）仪表板装饰时要一气呵成，不能有任何瑕疵。
（6）操作人员应注意安全。

第九章 汽车车身外部装饰

第一节 车身贴饰

车贴又叫拉花、车标、贴纸,起源于赛车运动的选手号和赞助商的广告,最早的车贴于1887年4月20日在巴黎举办的世界第一场赛车比赛上显现;车贴的大力发展源于欧美及日本的汽车业兴起和普及;车贴不仅起美化作用,还体现了个性;汽车贴纸一般分为运动贴纸、改装贴纸和个性贴纸三类,从形式上分为彩条、图案和文字等。

一、汽车彩条

汽车彩条实际上是一种彩色胶带,属于纸制品装饰条。如图9-1所示。

1. 汽车彩条结构

汽车彩条主要有两种基本类型,无外保护层彩条和有外保护层彩条,结构如图9-2所示。

2. 汽车彩条装饰操作步骤

相对来说,因无外层保护,无外保护层彩条比有外保护层彩条更加难以装饰,有外保护层彩条只要在最后步骤把外保护层撕开即可;汽车彩条可以根据要求装饰成直线、曲线等各种图案,在此以较难的无外保护层彩条的曲线装饰做介绍。

(1)工具和材料准备。车身贴饰的工具有塑料刮板、橡胶

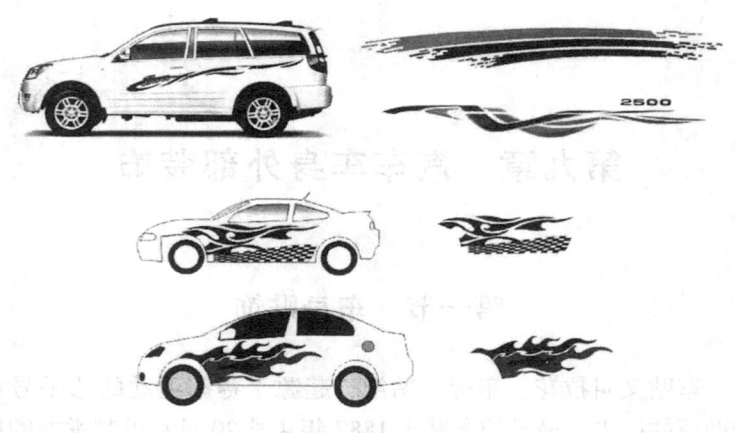

图 9-1 汽车彩条

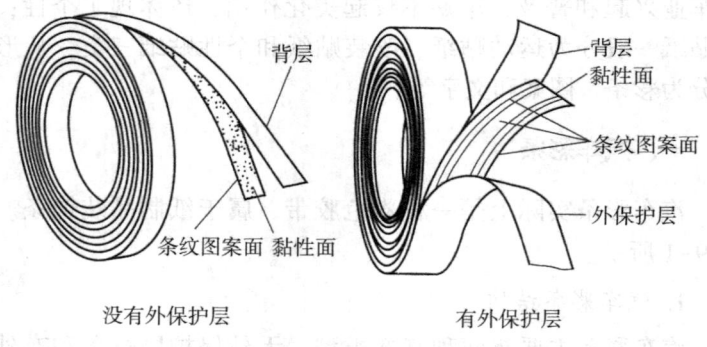

图 9-2 汽车彩条结构

刮板、烤枪和美工刀等,若采用湿贴法还需要两个喷水壶,一个装清水,一个装清洗剂溶液或酒精溶液。

(2) 根据设计图案,有必要时在车身上画出初步的轮廓,作为装饰导向图。

①与顾客沟通,设计装饰图案。②清洗车身表面,保证干净无尘无油。③测量估算所需贴条的长度,剪下足够用的胶带。④将胶带的背纸撕去,并将前面一小段先贴到要贴的位置。如

图9-3所示。⑤用左手的食指把胶带按压在车身上,保持两手沿固定的曲线运动;右手小心地拉紧胶带,在需要拉长时一定要注意小心、适度,最好尽可能避免出现拉长,否则会产生起皱现象。如图9-4所示。⑥随着粘贴的需要,适量地撕开背层纸。为避免弄脏附着表面,手持胶带处的背纸不要撕。⑦如果第一次操作失败,小心地撕开胶带再试一次。在不好操作的某些情况下两手交替进行会容易一些。⑧曲线正确地贴好后,用橡皮滚子或软擦布小心按压、摩擦胶带,使胶带既能平整,也能得到更强、更持久的附着性能。

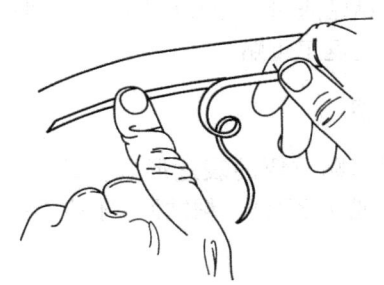

图9-3 撕去背纸开始粘贴

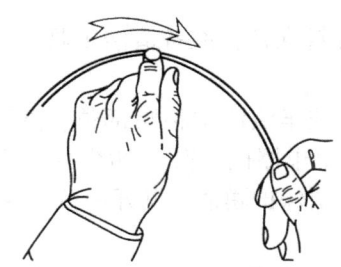

图9-4 曲线粘贴

操作注意事项提示如下。

(1)贴条纹只能在常规室温下进行。温度过高,会导致胶带变大,湿溶液迅速蒸发,以及其他复杂情况。温度过低,会影响贴条纹的柔性，从而影响附着效果。

（2）使用水和中性洗涤液将车身表面彻底清洗干净。为了使条纹正常地贴上去，车身表面必须没有灰尘、蜡和其他脏东西。如果有必要，应该使用清除蜡和抛光剂的清洁剂。

（3）一般而言，条纹从翼子板上线开始走向轮罩之间或之上。

（4）避免手指弄脏胶带，皮肤上的油脂影响附着性能。

（5）彩条粘贴后，必须平整、光滑，不允许有皱褶产生。

（6）彩条与车身漆面之间，不允许有空隙、气泡及异物存在。否则，会影响粘贴质量。出现空隙、气泡时，需压实排出。有皱褶或异物时，应返工重贴。

二、图案和文字

图案和文字是车贴重要的表达形式，其结构也与彩条基本一样，有图案面（或文字面）、粘贴面和保护层等。

三、贴法

（一）干粘贴法步骤

（1）工具和材料准备，准备清洁工具、车贴和刮片等，如图9-5所示。

（2）清洁。用洗车液清洗粘贴部位，并除油、除尘，即将粘贴前还要用干净毛巾擦拭一次，如图9-6所示。

（3）把车贴底层保护膜适当撕开一些，注意不要撕开太多，如图9-7所示。

（4）把车贴放到准确位置，并把已经撕开保护膜的小部分文字（或图案）压实到车身上，如图9-8所示。

（5）把车贴翻过来，再拉开一些底层保护膜，如图9-9所示。

（6）用毛巾包住刮片，左手用刮片压住车贴，右手小心慢

图 9-5　工具和材料准备

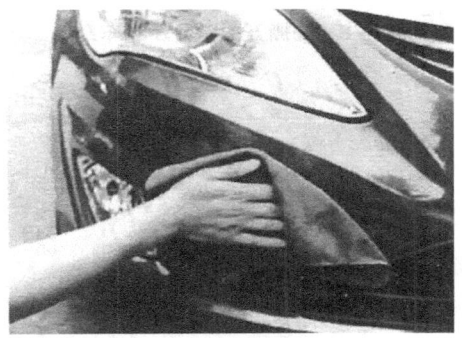

图 9-6　清洁

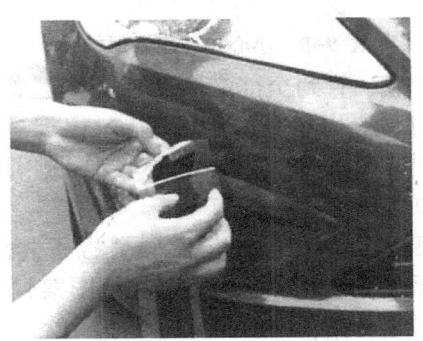

图 9-7　把底层保护膜撕开一点

图 9-8 把撕开的部分压到车身上

图 9-9 小心拉开底层保护膜

慢拉开底层保护膜,直到全部文字(或图案)都被粘贴到车身上,如图 9-10 所示。

(7)用刮片沿车贴纵向和横向小心刮平,注意整理好包裹的毛巾,如图 9-11 所示。

(8)把车贴表面保护膜(转移膜)撕下。注意小心操作,必要时可用右手压住已经暴露的文字(或图案),左手轻轻拉开保护膜,以免带起车贴,如图 9-12 所示。

(9)清洁。用毛巾清洁车贴及其周围,如图 9-13 所示。

图 9-10　边拉边压

图 9-11　用刮片纵向和横向刮平车贴

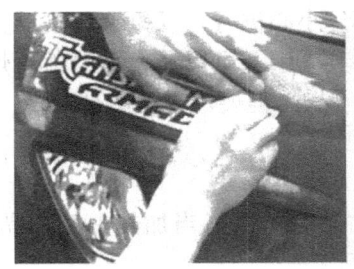 

图 9-12　小心拉开外层保护膜

（10）操作结束。

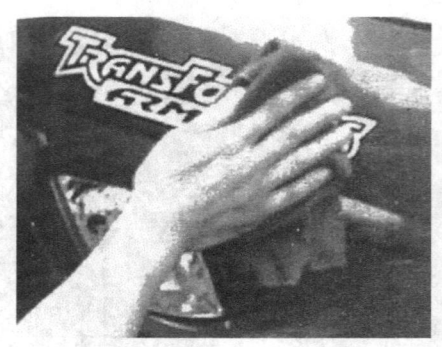

图9-13 清洁

（二）湿粘贴法步骤

（1）清洁粘贴部位。
（2）向车身粘贴部位喷安装液。
（3）把车贴底层保护膜撕开。
（4）向车贴粘贴层喷安装液。
（5）把车贴贴在车身准确位置上。
（6）用刮板把车贴与车身之间的水挤出，并刮平。注意用力要适度，以免刮伤车贴或者产生皱褶；刮水时要注意由里往外、由中间向两端进行。
（7）撕开车贴表面层保护膜。小心进行，以免带起贴纸。
（8）清洁。擦干车贴表面及其周围。可以让车贴自然干燥，在冬天也可以用热风筒加热快速干燥，但要注意温度合适。
（9）处理细节。

操作注意事项提示如下。

（1）对于大面积车贴，在粘贴时可以适当加热，使其黏合更加可靠。
（2）车贴粘贴要杜绝空气泡，以免影响美观和牢固程度；在出现小气泡时，可先用小钢针刺穿消除，再刮平。

第二节　车身大包围的安装

车身大包围的学名是车身"空气扰流组件",大多数改装车将前保险杠位置下移并加装车头下缘凸起唇,通过对流场的干涉,调整汽车表面压强分布,以达到减小气动阻力和气动升力的目的。目前,国内市场上的"大包围"大多不具备上述功能,而更多是为美观设计的,不过汽车在安装大包围后,会使车身加长、重心降低,从而提高了汽车行驶的稳定性。一般车身大包围由生产厂家根据不同的车型设计而成,通常会有几种型号,每一种型号包含几个车身不同部位的组件,选用大包围时应根据车型及汽车的具体情况(如颜色),按照与车身协调并且不影响汽车安全性的原则进行选用。随着人们对汽车消费理念的提高,现在有一些大型的汽车装饰店已经具有为顾客专门制作大包围的能力,迎合了消费者要求汽车外貌独一无二的需要。

一、组成

车身大包围由前压流、中导流和后压流组成。前压流也可称为前泵把、前头唇等,是在前保险杠的基础上加装凸形压流板。中导流又称为裙脚,作用是降低车身侧面的风阻系数。后压流又称为后尾唇、后泵把,是在后保险杠的基础上加装凸形压流板,作用是稳定车后部。大包围基本分为泵把款(全包围式)和唇款(半包围式)两大类,如图9-14所示。

(1) 泵把款类。泵把款类的大包围就是将原来的前后杠整个拆下,然后再装上另一款泵把。此类的包围安装较为容易,可大幅度地改变外观,更具个性化。

(2) 唇款类。唇款类的大包围则是在原来的保险杠上加上半截的下唇,此款大包围的质量与安装技术要求极高。大包围与保险杠的密合度不能超过1.5mm,否则会影响外观,而且高速行驶时还会有脱落的危险。

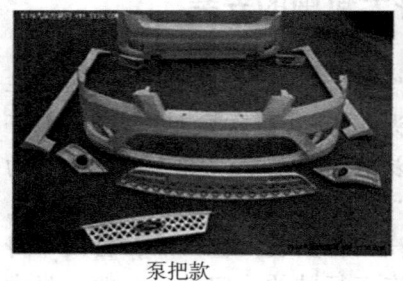
泵把款

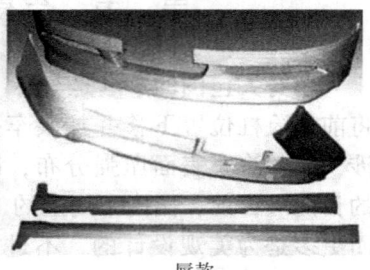
唇款

图 9-14 大包围

二、分类

目前市面上的大包围按照制作材料的不同主要可以分为以下几类。

(1) 玻璃钢。玻璃钢（Fiber Reinforced Plastics）简称 FRP，是最原始的汽车大包围材料。玻璃钢制作大包围套件制作方便，对模具和生产设备要求不高，成本低廉，所以众多车主首选玻璃钢作为大包围材料。但是，由于材料物理性能的缺陷，玻璃钢大包围比较脆，抗冲击能力极低，而且由于其塑性低，安装、打孔过程也比较麻烦。

(2) PU 塑料。PU 塑料在低温下高压注塑成形，所以有极高的柔韧性与强度。因此，大多数汽车的原装保险杆采用 PU 塑料材料，PU 塑料与车身的密合度很好，寿命也较长。各名牌汽车改装厂（如奔驰、宝马、奥迪等）安装大包围也以 PU 塑料为主要材料，并可进行细微的成分和性能调整。

(3) 合成树脂材料。合成树脂材料收缩性小，韧性好，耐热不变形，抗冲击能力好，不易断裂，受温度影响小，对环境产生的污染也很小。它一般采用钢模制造，产品表面光滑，目前市场上选用得较多。

(4) 碳纤维材料。碳纤维作为汽车车身大包围材料，最大优点是质量轻、强度大，重量仅相当于钢材的 20%~30%，硬度却是钢材的 10 倍以上。采用碳纤维材料能使汽车的轻量化取得突破性进展，但整体价格较高，应用较少。

三、清洁

将大包围的安装部位进行擦拭和清洗，去除油污和污垢，使之清洁与干燥。

四、寻找安装位置

把包围或侧裙由下而上轻轻地合到车身上，对比包围与车身密合度，注意勿擦伤车身面漆。

五、密合度调整

对密合度进行最后的调整，目测（最好用尺子测量）并调准包围左右两边、底部与地面及车身的距离，确保距离一致。确保两边距离相对车身位置准确后，把 3M 胶纸的保护膜撕除，同时用力按紧包围确保其紧粘贴在车身上（15~20min）。

六、钻孔上螺钉

在前唇、后唇、侧裙两边（底部和侧面）钻孔上螺钉，并检查安装是否稳固及与车身的吻合程度。

七、粘贴缝隙的压紧

若因 3M 胶款粘紧的部位出现缝隙，可以暂时用透明封箱胶在外面将大包围压紧，如遇到下雨，则可用透明胶封住大包围与车身粘合的间隙处，防止进水。待胶全部干透后（24h），除去透明封箱胶，大包围安装完成。

第三节　汽车导流板、扰流板

大量的试验和数值模拟研究表明，在汽车上安装光滑底板、前阻风板等附加装置可以有效减少汽车的气动阻力。虽然安装后的阻风板构成新的阻力，但汽车周围气流得到改善而降低了全车的总阻力，远超阻风板本身所增加的阻力。

汽车的行驶速度越来越快，为了减少车辆尾部的升力，赛车、跑车等运动型的车大都安装有尾翼。加装尾翼能增加向下的压力，但也增加了和地面的摩擦力，实际上也增加了汽车油耗。专业人员应该先向客户解释清楚加装前阻风板和扰流板的作用与缺点，在客户了解真实情况后，再询问是否需要加装。

在空气动力学上，有法国物理学家贝尔努依证明的一条理论：空气流速的速度与压力成反比。也就是说，空气流速越快，压力越小；空气流速越慢，压力越大。在高速行驶中，由于轿车车身上下两面的气流压力不同，这种压力差会产生上升力，车速越快上升力也越大。当轿车时速达到一定的数值时，升力就会克服车重而将车子向上托起，减少了车轮与地面的附着力，使车子发飘，造成行驶稳定性变差。为了减少轿车在高速行驶时所产生的升力，汽车设计师在轿车外形方面做了改进，将车身整体向前下方倾斜而在前轮上产生向下的压力，将车尾改为短平，减少从车顶向后部作用的负气压而防止后轮飘浮。

汽车前阻风板和扰流板也是根据空气动力学原理设计，其目的是使空气对汽车产生对地面的附着力，它能抵消一部分升力，有效控制汽车上浮，使汽车能紧贴地面行驶，从而提高行驶的稳定性。

一、前阻风板的安装

(一) 选择前阻风板

目前,在汽车配件市场上,有同系列、多品种的前阻风板产品可供选择。尽量选择同车型的规格产品,对质量保证和方便安装都有好处。若不是同车型的前阻风板,则必须仔细阅读产品说明书,判断是否可通用安装,再仔细核对外形、安装位置和安装尺寸,同时还要检查配件质量。

(二) 安装施工

仔细阅读产品说明书,特别要明确安装条件和施工要求,做好安装前的准备工作。前阻风板的安装,一般是用螺钉连接,固定在车体前端的保险杠下部(图9-15),所以应准备好有关连接件和相关工具。在安装前,要对保险杠的相关部位进行清洗处理并擦拭干净,安装时常常需要钻相应的安装孔,可用手电钻钻孔。

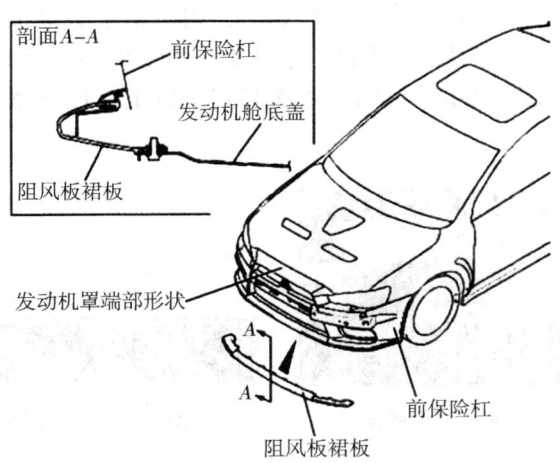

图9-15　前阻风板安装位置示意图

二、扰流板的安装

（一）选择扰流板

扰流板的形状尺寸差异较大，这与车型有关。扰流板在设计制造时，均经过一定的研究试验而确定，选择时，应按车型要求，尽量选用与车型相配套的扰流板。若无配套的扰流板，可按产品说明书和车型状况，尽量选用近似车型或通用的扰流板。

（二）安装施工方法

（1）清洗安装部位。一般扰流板都安装在行李箱盖板上，大都用螺钉连接。所以，用清洗剂擦洗行李箱盖板，打开尾门卸下尾门上的胶皮，如图9-16所示。

（2）将定位纸贴到尾翼螺杆孔位处，注意不要贴太紧。把尾翼放在安装处对位，拉紧定位纸，再用胶纸把定位纸两头固定到车身上，如图9-17和图9-18所示。

（3）把尾翼从车身上轻轻取下，用电钻根据定位纸的孔位钻孔，注意钻孔时钻头垂直于车身面，如图9-19所示。

（4）把防水垫片、螺杆依次装到尾翼上，再将尾翼安装到车上。

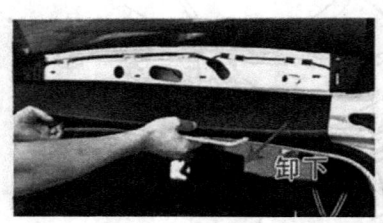
图9-16　卸下尾门胶皮

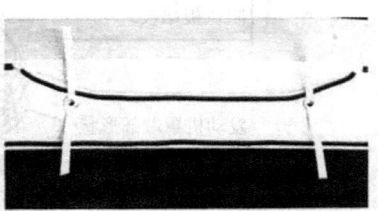
图9-17　粘贴定位纸

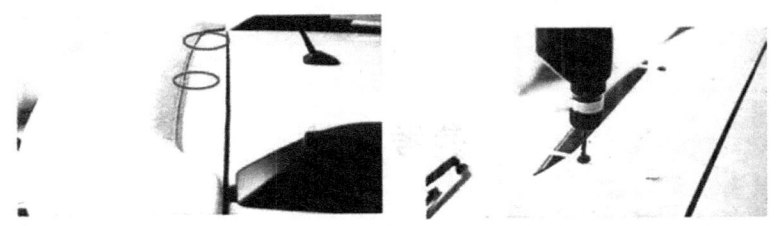

图 9-18　尾翼对位　　　　图 9-19　钻孔

（5）打开尾门，用套筒工具将螺母从尾门内侧把尾翼锁紧，如图 9-20 所示。为了防止漏水，固定后，在固定架周围注入透明硅胶。

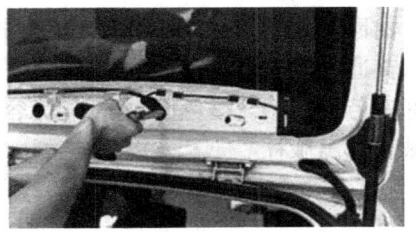

图 9-20　锁紧尾翼

（6）把卸下的胶皮装回原车，如图 9-21 所示，安装完成后的效果如图 9-22 所示。

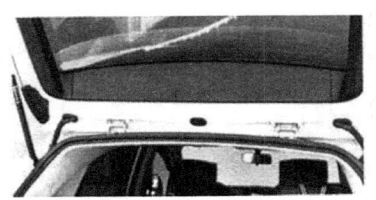

图 9-21　装回胶皮　　　　图 9-22　完成安装

参考文献

李俊,2019. 汽车美容与装饰［M］. 北京:航空工业出版社.
刘文举,2019. 汽车维修实用手册［M］. 北京:人民邮电出版社.
于海东,2019. 汽车维修快速入门与提高:彩色版［M］. 北京:化学工业出版社.
张军建,卜文刚,王佳,2019. 汽车美容与装饰［M］. 上海:上海交通大学出版社.
朱升高,韩素芳,2019. 彩色图解汽车美容装饰［M］. 北京:机械工业出版社.